AF452996

LA
BONNE ESPÉRANCE

JEU DE LA MER EN QUATRE ACTES

Représenté pour la première fois, au Théatre-Antoine le 20 octobre 1902.

PIÈCES DE MM. JACQUES LEMAIRE & J. SCHURMANN

Une Faillite, pièce en 4 actes, représentée au *Thédtre-Antoine.*

Le Grand Galeoto, pièce en 3 actes et un prologue, représentée au *Thédtre des Poétes.*

Le Petit Lord, comédie en 3 actes, représentée à la *Comédie-Française.*

Ghetto, pièce en 3 actes, représentée au *Thédtre des Escholiers.*

HERMANN HEIJERMANS

La Bonne Espérance

JEU DE LA MER EN QUATRE ACTES

ADAPTATION FRANÇAISE DE

JACQUES LEMAIRE & J. SCHURMANN

PARIS

LIBRAIRIE THÉATRALE
30, RUE DE GRAMMONT, 30

1902

PERSONNAGES

LEBOIS, armateur. . . . . MM. ANTOINE.
GÉRARD, ⎰ fils de Catherine . JEAN KEMM.
BERTRAND, ⎱ SIGNORET.
JACQUES, frère de Catherine . . MATRAT.
DENISOT, ancien pêcheur, pen-
  sionnaire de l'Hospice des vieil-
  lards . . . . TUNC
CAPSE, commis . . . . BEAULIEU.
SIMON, charpentier de navire. . SAVERNE.
MICHEL, fiancé de Mariette. . .
GILLES, mendiant. . . . . LAUFF.
PREMIER GENDARME.
DEUXIÈME GENDARME.

LA MÈRE CATHERINE, veuve
  de pêcheur . . . . Mᵐᵉˢ MILLER.
JEANNE, nièce de Catherine . . . BERNY.
CLÉMENTINE, fille de Lebois . MIÉRIS.
MATHILDE, femme de Lebois. . ELLEN ANDRÉE.
MARIETTE, fille de Simon . . . BECKER.
SARAH, veuve de pêcheur. . . . LUCE COLAS.
GERTRUDE, femme de pêcheur . MARCELLE BAILLY.
    PÊCHEURS, FEMMES DE PÊCHEURS.

L'action se passe dans un village de pêcheurs, sur les côtes de la mer du Nord.

Pour la mise en scène, s'adresser au THÉÂTRE-ANTOINE.

LA
BONNE ESPÉRANCE

ACTE PREMIER

La chambre de la mère Catherine, modestement meublée. A gauche, une porte et deux lits dans deux alcôves. A droite, une commode à tiroir, avec, sur le marbre, des statuettes de saints, des vases et des photographies encadrées. Cheminée. Au dernier plan, porte à loquet ouvrant sur un réduit qui sert de cuisine, un placard vitré, au fond, large croisée sur laquelle sont des pots de fleurs ; au mur, un pigeon en cage.

C'est l'après-midi.

SCÈNE PREMIÈRE

JACQUES, CLÉMENTINE, puis DENISOT.

Clémentine a un carton à dessin sur ses genoux et fait le portrait de Jacques qui pose devant elle.

CLÉMENTINE.
Allons ! le voilà encore endormi !.. Jacques !

JACQUES, se réveillant en sursaut et souriant.

Mademoiselle !.. Je ne dormais pas... je vous assure...

CLÉMENTINE.

Penche encore un peu la tête par ici... Encore un peu... C'est ennuyeux, tu étais si bien posé, tout à l'heure... Voyons, la main sur le genou...

JACQUES.

Dam, voyez-vous, quand on est si longtemps sans bouger, on s'engourdit...

CLÉMENTINE, avec impatience.

Dis donc, si je te priais bien humblement de ne pas chiquer !..

JACQUES.

Mais je ne chique pas, mademoiselle; voyez plutôt!

Il ouvre la bouche.

CLÉMENTINE.

Tiens ta bouche fermée àlors.

DENISOT, entrant par la cuisine.

Bonjour, tout le monde.   .

CLÉMENTINE.

Bonjour. Tu peux encore aller faire un tour.

DENISOT.

Non, mademoiselle, c'est l'heure. (Regardant le dessin.) Eh bien, sauf votre respect, je ne le reconnaîtrais pas encore.

CLÉMENTINE.

Vraiment?

DENISOT, rajustant ses lunettes.

Voyez-vous, pour parler franchement, ça n'est pas son menton... ni ses yeux... mais le nez, c'est bien

ça... et puis... ah, sa cravate est frappante de res-
semblance, on ne peut pas s'y tromper.

CLÉMENTINE.

Tu trouves ?

DENISOT.

Et le lit, avec ses courtines... voilà qui est réussi !
(Il prend une chique.) Est-ce que je ne pourrais pas vous
être utile à quelque chose, moi, mademoiselle?

CLÉMENTINE.

Peut-être. (A Jacques.) Ta main, plus_haut !.. Et
tiens ta bouche tranquille !

JACQUES.

Ça, c'est facile à dire, mais quand une fois on a
l'habitude de chiquer et que, tout à coup, on vous le
défend, impossible de ne pas remuer les lèvres ; pas,
Denisot ?

DENISOT.

Avec tout ça, il est. temps que tu partes, nous dî-
nons à quatre heures, et la directrice n'est pas commode.

CLÉMENTINE.

Avouez qu'on aurait bien du mal avec vous autres,
si on ne sévissait pas de temps en temps.

DENISCT.

Peuh! Pour ce qu'on a de liberté! Pas pour un sou !
Il est joli votre hospice de vieillards! On vous donne
à manger de mauvaise grâce, comme à des mendiants!
Ce matin, le café était pis que de la boue, et les pois
plus durs que mes cois !

CLÉMENTINE.

A ta place... Ne remue pas ta bouche, Jacques — je

remercierais Dieu d'avoir un asile pour mes vieux jours.

JACQUES.

Pour sûr, et tu pourrais bien attirer le malheur sur toi.

DENISOT.

Remercier Dieu! Et pourquoi? J'ai passé ma vie sur la mer, depuis l'âge de dix ans ; combien de voyages ai-je faits? Je ne peux plus les compter. J'ai essuyé des naufrages, j'ai connu la misère noire, et la mer m'a pris mes deux fils. Remercier Dieu! Vous ne voudriez pas! Pour la directrice, c'est une saloperie, on lui taperait sur la gueule...

CLÉMENTINE.

Eh bien, eh bien! tu n'es pas au cabaret!

DENISOT.

C'est le cas de le dire. Mais j'en ai gros sur le cœur, il faut que je me soulage. Est-ce que la semaine dernière on ne m'a pas supprimé ma permission de sortir, parce que j'avais craché à côté du crachoir, révérence parler? Voyons, mademoiselle, vous savez bien qu'on ne crache pas à côté exprès. Un hospice c'est une prison ; quand on vous a fourré là-dedans, alors on est débarrassé de vous ! Ma parole, j'aimerais mieux avoir été dévoré par les requins, alors que je naviguais...

JACQUES, avec un rire étouffé.

Ben, mon vieux, ils ne voudraient plus de toi, les requins, tu es trop coriace !

CLÉMENTINE.

Ne remue donc pas les lèvres !

JACQUES.

Bien, mademoiselle.

DENISOT.

Ils ne voudraient pas de moi, les requins? Ils mangent bien une carcasse. Moi qui vous parle, j'ai vu, de mes yeux, le vieux Guillaume coupé en deux, son sang m'a éclaboussé toute la figure! Et pour un racorni, celui-là, c'en était un!

CLÉMENTINE.

Le vieux Guillaume a été dévoré par un requin?

DENISOT.

Vous pourriez dire par six requins. Il n'était pas plutôt tombé par dessus bord qu'ils se sont jetés sur lui. L'eau en était toute rouge.

CLÉMENTINE, incrédule et souriante.

C'est horrible! Et pourtant, j'aurais bien voulu voir quelque chose de semblable.

DENISOT.

On ne nous demande pas si nous le voulons, à nous autres.

CLÉMENTINE.

A-t-il crié?

DENISOT.

Je vous crois!

JACQUES.

On crierait à moins! Diable, se sentir des dents aux fesses!.. (On joue du violon au dehors; Jacques saute sur sa chaise en suivant la cadence de l'air.) Traderi, deri, de ra, dada...

CLÉMENTINE, mettant brusquement son dessin dans son carton.

En voilà assez pour aujourd'hui. (Se levant.) J'espère que demain, tu te tiendras plus tranquille, n'est-ce pas?

JACQUES, s'étirant.

Je suis raide comme un pieu ! (Il danse, en claquant des doigts, les jambes engourdies.) Traderidera...

DENISOT, allant à la fenêtre.

Il n'y a personne.

SCÈNE II

JACQUES, DENISOT, CLÉMENTINE, GILLES, BERTRAND.

GILLES, en dehors, jouant toujours.

Pour le pauvre musicien, s'il vous plaît !

DENISOT.

Il n'y a personne.

GILLES.

Je viens ici une fois par semaine, régulièrement.

DENISOT.

Ils sont allés au port.

CLÉMENTINE.

Tiens !

Elle jette une pièce de monnaie par la fenêtre.

GILLES, cessant de jouer.

Merci bien...

Il cherche à terre.

JACQUES.

Là, là, derrière cette pierre, grande bête.

DENISOT.

Non, non, plus loin.

CLÉMENTINE, faisant un geste.

C'est par là que je l'ai jetée... Mon Dieu, quel animal! Est-il assez myope, celui-là!

JACQUES.

Il n'a plus que la moitié d'un œil ; on n'y voit pas beaucoup avec ça... (A Gilles.) Derrière toi!

GILLES.

Je ne trouve pas.

DENISOT.

Pssst! Eh, Bertrand, donne-lui un coup de main.

CLÉMENTINE.

Il doit y avoir par là, une pièce de dix cens.

BERTRAND, un panier sur le dos.

Tu n'avais qu'à la lui mettre dans la main parbleu... (Il dépose bruyamment son panier.) Tiens... la voilà...

Il reprend son panier et le porte dans la cuisine.

GILLES.

Merci bien, mademoiselle.

Il s'éloigne en jouant.

JACQUES.

Avez-vous entendu ce vaurien?

CLÉMENTINE, à Bertrand.

Dis donc, toi, c'est à moi que tu parlais?

BERTRAND, d'un air farouche.

Pardon, mademoiselle, je ne savais pas que vous étiez là, je pensais...

JACQUES.

Sais-tu à quoi tu devrais penser? A aller à la mer le plus tôt possible, pour faire vivre ta maman.

BERTRAND.

Mêle-toi donc de ce qui te regarde.

JACQUES.

Ne dirait-on pas qu'il va me dévorer? Par exemple, avec de plus jeunes que moi, il n'ose pas ouvrir la bouche. Mais je n'ai pas peur de toi, mon garçon; ce n'est pas moi qui fais dans mes chausses, quand il faut partir.

Il rit.

DENISOT, à Jacques.

Viens-tu? Voilà quatre heures qui sonnent.

CLÉMENTINE.

Demain, à dix heures, n'est-ce pas?

DENISOT.

Pas moyen, mademoiselle, nous avons des pierres à gratter.

JACQUES.

C'est vrai.

CLÉMENTINE.

Bon, voilà du nouveau encore; qu'est-ce que c'est que ça?

DENISOT.

On **nous** fait arracher l'herbe dans la cour.

CLÉMENTINE.

Alors, dans l'après-midi?

JACQUES.

Entendu. (Il prend une chique dans la boîte de Denisot.) Adieu, mademoiselle. (A Bertrand.) Adieu, poule mouillée.

Il sort en riant.

SCÈNE III

BERTRAND, CLÉMENTINE.

CLÉMENTINE, mettant son chapeau.

Il te taquine, ton oncle Jacques, hein?

BERTRAND, avec un rire farouche.

Oui, mademoiselle.

CLÉMENTINE.

Tu viens de chercher du bois, sur la plage? (Bertrand fait signe que oui.) Tu as fait une bonne récolte?

BERTRAND.

Non, cette nuit, c'était marée basse, et alors... alors...

La voix lui manque.

CLÉMENTINE.

Alors, c'est donc vrai, gros bêta, que tu as peur d'aller à la mer?... (Bertrand fait signe que oui, avec un sourire embarrassé.) Mais ils y vont tous, cependant!

BERTRAND, morne.

C'est vrai, ils y vont tous.

CLÉMENTINE.

Voyons, Bertrand, un homme doit être brave.

BERTRAND, de même.

C'est vrai, un homme doit être brave.

CLÉMENTINE.

Eh bien, alors?

BERTRAND, hésitant.

Moi... j'aime mieux rester.

CLÉMENTINE.

Ce n'est pas moi qui te forcerai... Quel âge as-tu?

BERTRAND.

Le mois dernier, j'ai été exempté.

CLÉMENTINE.

Exempté?

BERTRAND.

Oui, à cause... à cause de... je ne sais pas, mais tout de même, j'ai été exempté.

CLÉMENTINE.

Tu as eu de la chance, car un soldat poltron...

BERTRAND, avec une énergie sauvage.

Je n'ai pas peur, moi, sur la terre ferme! Qu'ils y viennent, tous, et je leur flanquerai mon couteau dans le ventre!

CLÉMENTINE.

C'est joli!

BERTRAND, retombant dans sa timidité ordinaire.

Je vous demande pardon, mademoiselle... (On entend au loin la sirène d'un bateau à vapeur.) C'est la *Marie*... elle a un mort...

CLÉMENTINE.

Encore un mort?

BERTRAND.

Le pavillon est en berne.

CLÉMENTINE.

Le second de la semaine; d'abord l'*Agathe*...

BERTRAND.

Non, la *Charlotte*.

CLÉMENTINE.

Tu as **raison**; l'*Agathe* c'était la **semaine** dernière. Est-ce qu'on sait déjà qui... (Il lui fait signe que non.) Tu n'es pas curieux.

BERTRAND.

On s'y habitue, et ça n'est sûrement pas un des nôtres... (D'un air sombre.) Le père, ça n'est plus possible, mon frère Joseph, ni mon frère Henri non plus — vous savez ce qu'ils sont devenus, et... et... Gérard est toujours en prison!

CLÉMENTINE.

Oui, on peut dire que celui-là est la honte de sa famille.

BERTRAND, haineux.

La honte, la honte!...

CLÉMENTINE.

Quand sera-t-il libéré?

BERTRAND.

Nous n'en savons rien.

CLÉMENTINE.

Comment, tu ne sais pas?

BERTRAND.

Il en a pour six mois, mais la détention préventive compte, et nous ne savons pas combien de temps elle a duré.

SCÈNE IV

Les Mêmes, LA MÈRE CATHERINE.

CATHERINE, apparaissant, du dehors, à la fenêtre.
Bonjour, mademoiselle.

CLÉMENTINE.

Bonjour, mère Catherine.

CATHERINE.

Qui est-ce qui a lâché les poules ? Voyez-moi ce coq ! Veux-tu t'en aller, coquin ! Pschht! allez! allez! Jeanne! Jeanne!

BERTRAND.

Laisse-les donc; elles rentreront bien toutes seules.

CATHERINE, entrant.

Voilà comme on a toujours des misères, mademoiselle! (A Bertrand.) Qu'est-ce que tu fais là, toi, tu paresses!... Ce n'est donc pas assez de te quereller avec les voisins !

BERTRAND, d'une voix traînante.

Allons, on va encore se disputer!...

Il sort, d'un air indolent pour aller traquer les poules.

CATHERINE.

Se disputer!... Je n'ai jamais vu un fainéant pareil! Quelle misère !... Vous partez déjà, mademoiselle ?

CLÉMENTINE.

J'ai hâte d'avoir des nouvelles de la *Marie*.

CATHERINE.

Moi aussi, j'étais déjà partie pour y aller, mais on pourrait bien attendre longtemps encore, et j'en ai assez, vous savez, de ces stations sur le môle !... Ah, s'il pouvait parler, ce môle... Est-ce qu'il est fini le portrait de mon frère?

CLÉMENTINE.

Je pense le terminer demain. Bertrand me tente aussi, tel qu'il entrait, tout à l'heure, avec ce panier de bois sur l'épaule.

CATHERINE.

Bertrand? Si vous voulez, mademoiselle.

CLÉMENTINE.

En voilà un qui n'a pas l'air d'être dorloté à la maison !

CATHERINE, ennuyée.

Ben , il ne manquerait plus que ça ! dorloté !... Ce que je voudrais en être débarrassée, et tout de suite, encore ! (A la fenêtre.) Cours donc après ! Pchh, pchh, pchh !

BERTRAND.

Tu fais peur au coq, avec tes cris.

CATHERINE.

Il n'est pas plus brave que toi, alors. (Frappant dans ses mains.) Pchh, pchh, pchh !

CLÉMENTINE, riant.

Bon, le voilà perché sur le toit du voisin André !

SCÈNE V

CLÉMENTINE, CATHERINE, JEANNE, BERTRAND.

JEANNE, entre par la porte de gauche — tablier brun, les mains noires, elle porte une binette.

Bonjour, mademoiselle.

CATHERINE, avec colère.

On a lâché les poules ; le coq vient de se percher sur le toit d'André.

JEANNE, riant.

N'aie pas peur, il n'y pondra pas.

CATHERINE, avec humeur.

Et elle sait que l'autre jour, j'ai failli me battre avec Gertrude, parce que nos bêtes couraient dans ses pommes de terre.

JEANNE.

C'est moi qui ai ouvert la basse-cour; les pommes de terre sont arrachées, il n'y a plus rien à craindre, maintenant.

CATHERINE, se radoucissant.

Pourquoi ne le dis-tu pas?

JEANNE.

Je me tue à te le répéter! Voyez-vous, mademoiselle, ma tante n'est heureuse que quand elle peut gronder. Quand elle dort, elle bougonne encore, en rêve; cette nuit, elle a juré. Ah, ah, ah, ah! Mais tu n'as pas besoin de te gêner, tu sais, c'est ton droit, tu peux nous dire des sottises à ton aise, ça ne t'empêche pas d'être une bonne vieille créature. (A Bertrand qui entre.) Pauvre garçon, ton coq est-il toujours sur le toit? A-t-il juré de n'en pas descendre?

BERTRAND.

Laisse-moi tranquille.

JEANNE, regardant Bertrand.

Ah, ah, ah, ah! il en est encore tout pâle.

CLÉMENTINE.

Voyons, laisse-le.

JEANNE.

Il devrait se faire boulanger, qu'en dis-tu, tante? Il serait gentil avec ses petits pieds nus dans la farine.

Elle rit bruyamment.

BERTRAND, avec colère.

Allez tous au diable !

Il sort par la gauche.

JEANNE, se moquant de lui.

Pauvre garçon !

CLÉMENTINE.

Jeanne, assez de taquinerie. Tu travailles en ce moment?

JEANNE.

Oui, depuis quatre heures du matin. Tu sais, tante, la récolte est lamentable, c'est pourri, ou de dernière qualité.

CATHERINE.

Dieu nous envoie de rudes épreuves à nous autres, pauvres gens ; avec ces pluies sans fin, c'était fatal, ça devait arriver. Et c'est ainsi que l'hiver va commencer, l'hiver qui est si rude, ici. Mon Dieu, mon Dieu !

JEANNE.

Ah, que tu es embêtante aujourd'hui. Voyons, ris un peu ! Est-ce que je me décourage, moi? D'ailleurs, Gérard va bientôt revenir, et alors...

CATHERINE.

Et alors?

JEANNE.

Et alors... rien... rien. Faut être gai ; ça n'est pas en bougonnant, qu'on change les choses. (A Clémentine.) Je ne cesse pas de le lui répéter. (A Catherine.) Tiens, je viens de prendre un lapin ; voilà une bonne nouvelle, j'espère.

CLÉMENTINE.

Tu l'as attrapé dans un piège?

.JEANNE.

Comme vous le dites. Ce brigand-là voulait sa part de notre pauvre récolte ; mais, si vous croyez qu'on se laisse voler !... Juste, pendant que j'étais au travail, le piège fait clac, et le voilà pris. Il est gras, il vaut bien quarante cens.

CLÉMENTINE.

Tant mieux. Allons, je m'en vais.

SCÈNE VI

CLÉMENTINE, CATHERINE, JEANNE, LEBOIS.

LEBOIS, entrant, à Clémentine.

Eh bien, tu t'es donc installée définitivement ici, toi ?... On peut entrer ?

CATHERINE, très aimable.

Certainement, monsieur Lebois, vous nous faites grand plaisir.

LEBOIS.

C'est que j'ai les pattes sales, mes enfants.

CATHERINE, de même.

Qu'est-ce que ça fait, monsieur ? Ça n'est que du sable sec, ça n'est pas grave. Asseyez-vous donc.

LEBOIS.

Ma foi, je ne demande pas mieux. Eh, mère Catherine nous vieillissons, ma bonne. (A Jeanne.) Bonjour, sa nièce.

JEANNE.

Bonjour, monsieur. Vous voyez...

Elle lui montre ses mains noires en riant.

LEBOIS, gaiement.

C'est pour aller au bal, que tu as mis ces gants-là ?

JEANNE, avec un coup d'œil provocant.

Oui, pour l'hornpipe et la polka ! Eh ! eh !

LEBOIS, riant.

En voilà une qui n'a pas froid à ses yeux noirs !
(A Clémentine.) Montre-moi au moins ton chef-d'œuvre.

CLÉMENTINE, maussade.

Ce n'est pas la peine, tu ne t'y connais pas.

LEBOIS.

Merci pour ce compliment. Voilà ce que c'est ; on
élève une fille, on lui fait apprendre le dessin, mais
gare au père, s'il veut s'en mêler. Voyons, Clémentine, ne fais pas l'enfant.

CLÉMENTINE, avec une moue d'enfant gâté.

Non ; quand ce sera fini.

LEBOIS.

Un coup d'œil, seulement.

CLÉMENTINE.

Voyons, père, je t'en supplie, laisse-moi tranquille.

LEBOIS, riant.

Me voilà encore rabroué ! Ah, ah, ah, ah !

SCÈNE VII

LES MÊMES, BERTRAND.

BERTRAND, d'un air gauche.

Bonjour, monsieur.

LEBOIS.

Mon petit Bertrand, tu arrives comme marée en carême.

BERTRAND, étonné.

Moi?

LEBOIS.

Nous avons besoin de toi, mon ami.

BERTRAND.

Je suis à vos ordres, monsieur.

LEBOIS.

Diantre, te voilà presque un homme à présent.

BERTRAND.

Oui, monsieur.

LEBOIS.

Un gaillard solide... Et depuis quand es-tu sans ouvrage ?

BERTRAND, farouche.

Depuis neuf mois.

CATHERINE.

Tu mens! depuis plus d'un an, déjà !

BERTRAND.

Ce n'est pas vrai!

JEANNE.

Si, c'est vrai. Tu n'as qu'à faire le calcul : novembre, décembre...

LEBOIS.

C'est bon, c'est bon, mes enfants, ne nous disputons pas ; la vie est si courte... Eh bien, mon petit Bertrand, est-ce que le 47 ne te tente pas ?... Hein ?...

BERTRAND, avec angoisse.

Le 47 ?...

LEBOIS.

Oui ; *la Bonne-Espérance ?*

CLÉMENTINE, étonnés.

Comment, père, tu veux...

LEBOIS, sévèrement.

Ne te mêle pas de ça, je t'en prie.

CLÉMENTINE.

Mais, pas plus tard que ce matin...

LEBOIS, s'emportant.

Clémentine !

CLÉMENTINE.

Mais, père...

LEBOIS, frappant du pied avec violence.

Va-t'en, et tout de suite !

CLÉMENTINE, haussant les épaules.

Au fait, j'aime mieux m'en aller ! Au revoir.

Elle sort.

CATHERINE.

Au revoir, mademoiselle.

SCÈNE VIII

LES MÊMES, moins CLÉMENTINE.

LEBOIS.

C'est tout à fait le caractère de sa mère ; un vrai fagot d'épines. Il faut se montrer de temps en temps, ah, ah, ah ; sans cela, ce seraient ces dames qui s'occuperaient de l'affrètement, tandis que moi, je reste-

rais à la cuisine pour éplucher les pommes de terre...
A vrai dire, je l'ai fait souvent dans ma jeunesse.

CATHERINE.

Je m'en souviens bien, allez.

LEBOIS.

Des pommes de terre avec des harengs frais... (Il fait claquer sa langue.) Hélas, ils sont passés, ces jours de fête ! Quand on a une flotte de huit lougres, on n'a plus la tête à ça. (Souriant.) Quoique j'aime toujours les beaux yeux noirs comme les tiens, petite effrontée... Il est permis de le dire, n'est-ce pas? Je ne suis plus dangereux ; j'ai eu mon temps, ah, ah, ah !

CATHERINE.

Vous n'avez pas à vous gêner, monsieur.

LEBOIS.

Eh bien, et notre ami, qu'est-ce qu'il dit ?

CATHERINE.

Ouvre donc le bec, toi, puisqu'on te parle !

BERTRAND.

J'aimerais mieux...

CATHERINE, furieuse.

Il aimerait mieux !...

JEANNE.

Ah, il est insupportable !

LEBOIS.

Pas de disputes, mes enfants ! Ça te regarde, mon garçon. L'année dernière, la *Bonne-Espérance*, à la pêche au hareng, a rapporté, en une saison de quatre voyages, la somme de quatorze mille florins. L'équipage est presque au complet ; le patron Giraud a songé à toi.

BERTRAND, nerveux.

Non... non monsieur...

CATHERINE.

Le sacré têtu! Je ne peux pourtant pas le pousser à bord à coups de bâton !

JEANNE.

Si j'étais un homme moi...

LEBOIS.

Oui, mais tu n'es pas un homme, toi, tu n'es qu'une jolie fille. (Il rit.) Nous n'avons que faire de pareils matelots. (A Bertrand.) Et pourquoi ne veux-tu pas, mon petit? La peur du mal de mer? Tu as fait quelques voyages, déjà, comme fileur de cordages, comme novice...

CATHERINE.

Et comme mousse, monsieur !

JEANNE.

Il aime mieux flâner et gueuser ! Vilain fainéant, va !

LEBOIS.

Tu n'es pas raisonnable, mon ami. J'ai fait moi, même, la pêche avec ton grand-père, oui, moi; et moi aussi j'aurais mieux aimé rester à la maison, dorloté par ma mère, que de garder dans mes mains glacées, les lamproies vivantes ; j'aurais préféré mordre dans une bonne tartine de pain frais, plutôt que de décapiter ces lamproies avec les dents. Et ton père...

BERTRAND, d'une voix rauque.

Mon père s'est noyé, et mon frère Joseph, et mon frère Henri... Non, je vous dis non, je ne veux pas!

LEBOIS, se levant; très doucereux.

Si c'est là que le bât le blesse, il vaut mieux ne pas lui faire violence, mère Catherine. Je comprends. Mon père n'est pas mort dans son lit non plus ; mais, en raisonnant ainsi, il n'y a plus de pêche possible, ou bien, il faut aller prendre, avec une ligne, des perches, des anguilles et des ablettes.

CATHERINE, furieuse.

C'est à ne plus...

LEBOIS.

Doucement, doucement! Avec de la violence, on ne fait rien de bon.

CATHERINE.

Ce misérable, à l'entendre, on croirait que je les ai tous oubliés, mon mari, et ce bon Joseph... et... et... mais non, ce n'est pas vrai... non, je ne les ai pas oubliés...   .

Elle sanglote doucement.

JEANNE.

Voyons, ma bonne tante, je t'en prie!.. (A Bertrand.) Brute!

LEBOIS.

Ne pleure pas, va ; nos larmes ne font pas revenir les morts.

CATHERINE.

Je le sais bien, monsieur ; le mois prochain, il y aura douze ans que la *Clémentine* est restée aux Sables...

LEBOIS.

Oui, c'était la *Clémentine*, en 88.

CATHERINE.

En novembre 88... Il avait sept ans, alors. Ce morveux voudrait en savoir plus que moi.

BERTRAND, nerveux.

Il n'est pas question de ça ; je n'ai même pas connu mon père, ni mes frères, mais...

LEBOIS.

Eh bien ?

BERTRAND.

Je préfère un autre métier ; je ne veux pas de la mer, non !

CATHERINE.

Un autre métier ! Qu'est-ce que tu sais faire ? Pas même lire et écrire.

BERTRAND.

Est-ce de ma faute ?

CATHERINE.

C'est de la mienne, peut-être ? Pendant trois années, j'ai eu des secours ; trois florins la première, deux florins vingt-cinq, la seconde, un florin cinquante, la troisième ; le reste du temps, j'ai eu bien de la peine à joindre les deux bouts...

LEBOIS.

Dis donc, et moi, tu m'oublies ?

CATHERINE.

Non, monsieur, je sais trop ce que je vous dois. Si vous et monsieur le curé, vous ne m'aviez pas procuré de l'ouvrage, ou donné, de temps en temps, les restes de votre table, je... je... Voilà ce que ce morveux va me reprocher, maintenant !

BERTRAND.

Je ne vous reproche rien. Moi... moi...

JEANNE.

Parle donc franchement, tu cherches une place dans laquelle tu pourras vivre à ne rien faire.

BERTRAND.

Va-t'en au diable, toi ! Je veux faire tout ce qu'on voudra : travailler dans les dunes, être saleur, maçon, charpentier, saute-ruisseau...

JEANNE.

Ou bourgmestre, ou garde-champêtre ! Ah, ah, ah ! Et rôder la nuit, à la chasse aux voleurs ! Oh, on appelle ça un homme !

LEBOIS.

Petite effrontée !

BERTRAND.

Je me moque pas mal de tout ce que' tu pourras dire. Me suis-je plaint, quand le sel me mangeait la chair des mains et que je ne pouvais fermer l'œil, la nuit, tant je souffrais?

CATHERINE.

Il veut se faire maçon ! Il est fou ! Charpentier !... Ils n'ont jamais d'accidents, eux? Chaque métier a ses dangers.

LEBOIS.

Oui. Bertrand, au fond, tu es bien bête ! Parbleu, songe un peu aux mineurs, aux mécaniciens, aux chauffeurs, aux... aux... Et tiens, moi-même, combien de fois ne m'arrive-t-il pas de monter à l'échelle, à bord? Et de faire le trajet de la côte à un lougre? Des bêtises tout cela, mon garçon, il ne faut pas y penser.

CATHERINE.

C'est que nous n'avons pas le choix, nous; Dieu sait ce que l'hiver nous réserve ! Toutes les pommes de terre sont pourries; les derniers jours de l'automne, monsieur...

LEBOIS.

Oui, c'est partout la même chose, dans la contrée.
Eh bien, mon gars?

BERTRAND.

Non, monsieur.

CATHERINE, exaspérée.

Alors, va-t'en d'ici, fainéant!

BERTRAND, d'une voix étranglée.

C'est bien, mère.

CATHERINE.

Va-t'en! Si je m'écoutais, je...

Elle fait un geste de menace.

LEBOIS.

Allons, allons!

Un silence. — Bertrand s'éloigne, d'un air farouche.

SCÈNE IX

CATHERINE, JEANNE, LEBOIS.

JEANNE.

Si j'avais un pareil fils, moi...

LEBOIS.

Tâche d'abord d'avoir un amoureux.

JEANNE, riant.

Mais j'en ai un, monsieur!... Si moi, j'avais un
pareil fils, ce que je lui en flanquerais, des gifles!
C'est ignoble, un homme poltron! (Légèrement.) C'est
le sort du marin, tôt ou tard, de... Il n'y pense pas...

Si Gérard lui ressemblait, je sais bien ce que je ferais.

LEBOIS.

Gérard ?

JEANNE.

Ah, celui-là, le diable en personne ne lui ferait pas peur, n'est-ce pas, tante ?... Allons, je vais finir mon ouvrage. Au revoir, monsieur.

LEBOIS.

Eh, dis donc, les yeux noirs, tu ris donc toujours, toi ?

JEANNE, avec un éclat de rire.

A quoi bon pleurer ? Au revoir. (Sur le seuil de la porte, elle se retourne.) Parle un peu de Gérard à monsieur, tante.

Elle sort.

SCÈNE X

CATHERINE, LEBOIS.

LEBOIS.

Gérard ?... Est-ce ton fils, qui...

CATHERINE.

Oui, monsieur Lebois.

LEBOIS.

Six mois de prison ?

CATHERINE.

Oui, monsieur Lebois.

LEBOIS.

Pour insubordination ?

CATHERINE.

Oui, monsieur, il s'est battu avec un quartier maître.

LEBOIS.

Quel imbécile !

CATHERINE.

On l'aura sans doute provoqué.

LEBOIS.

Allons donc ! On ne provoque pas les gens, dans la marine. Ça serait joli ! Il n'y aurait plus d'autorité, si les marins n'avaient qu'à donner des coups quand les choses ne vont pas à leur gré !

CATHERINE.

C'est vrai, monsieur, mais pourtant...

LEBOIS.

Et, c'est de ce vaurien qu'elle s'est amourachée ?

CATHERINE.

Elle en est folle. Ça n'est pas étonnant ; c'est un beau garçon — tout le portrait de son père — et d'une force !.. Voilà sa photographie... il portait l'uniforme encore, avec les galons de première classe. Maintenant il est...

LEBOIS.

Dégradé ?

CATHERINE.

Non, il ne fera plus partie de la marine militaire... quand il sera libre... Ça lui allait si bien, ce grand col... Il a fait deux fois le voyage aux Indes... C'est dur ; quand il reviendra — la semaine prochaine, ou dans quinze jours, ou demain, je ne sais pas quand — je l'aurai encore à ma charge ; quoique sûrement, il

cherchera du travail et il en aura facilement; un co-
losse comme celui-là trouve vite un patron...

LEBOIS, ironique.

C'est un amour d'enfant !

CATHERINE.

Quand il était tout jeune, il a déjà été à la pêche au
merlan.

LEBOIS.

Je vais te dire, mère Catherine, j'aime mieux ne
pas le prendre ; nous avons assez de mécontents ici, ce
qui vient de la Marine, parole d'honneur, c'est toujours
plus ou moins rouge, et les rouges, je n'en veux pas,
moi. N'ai-je pas raison ?

CATHERINE.

Certainement, monsieur Lebois, mais mon garçon, à moi...

LEBOIS.

Oui, oui, je la connais celle-là ! Georges, — le petit
bossu, tu sais bien ? — lui aussi a dû être renvoyé
par le patron. Celui-là était mécontent de tout et il
prétendait que je trichais sur le prix de vente du
poisson. (Mouvement de Catherine.) Parfaitement; c'est
fou !... Maintenant, il cherche fortune ailleurs ; chez
nous, pas de farces !

CATHERINE.

Faudra-t-il envoyer Gérard chez le patron, ou di-
rectement au bureau du capitaine du port ?

LEBOIS.

Mais tu lui diras bien, n'est-ce pas...

CATHERINE.

Oui, monsieur Lebois.

LEBOIS.

S'il revient à temps, il partira sur la *Bonne Espérance*; elle vient de quitter le chantier; on embarque les provisions et les tonneaux pour le poisson; elle est revenue richement chargée, comme d'habitude.

CATHERINE, toute joyeuse.

Oh, merci, monsieur.

LEBOIS.

Allons, au revoir. (Murmure de voix, au dehors.) Qu'est-ce qu'il y a?

CATHERINE.

Ce sont des gens qui reviennent du port; il paraît que la *Marie* a un mort.

LEBOIS.

La *Marie*? la goëlette de Pierron? Et qui est-ce?

CATHERINE.

Je ne sais pas; je vais m'en informer.

Ils sortent.

SCÈNE XI

GÉRARD, BERTRAND.

La scène reste vide. Dehors, vague murmure de voix. Des pêcheurs passent en courant, devant la fenêtre. On entend la cloche sonner au clocher du village. Gérard se glisse par la porte de gauche, jette sur la table un petit paquet enveloppé dans un mouchoir rouge, regarde furtivement dans les lits dans la cuisine, par la fenêtre. Puis, murmurant entre ses dents, il se laisse tomber sur une chaise, près de la table, la tête

appuyée sur la main, se lève en grommelant, prend du
pain dans le petit buffet, au dernier plan, en coupe un
gros morceau, reprend en mangeant, sa place à la table, laisse tomber le pain, d'un air furieux, puis regarde droit devant lui. La cloche se tait.

BERTRAND, entrant par la porte de la cuisine.

Qui est là ?.. Gérard !

GÉRARD, bourru.

Oui, c'est moi... Eh bien, viens me donner la
patte !

BERTRAND, lui serrant la main.

Et la mère, tu l'as déjà vue ?

GÉRARD, bourru.

Non ; où est-elle ?

BERTRAND.

Elle est...

GÉRARD.

Qu'as-tu à me regarder, de cet air abruti ?

BERTRAND.

C'est que... c'est que... Tu as été malade ?

GÉRARD.

Moi ? Je ne suis jamais malade.

BERTRAND.

Tu es... si pâle...

GÉRARD.

Dis plutôt que j'ai l'air foutu ! (Il se regarde dans la
glace.) Nom de Dieu ! Quelle gueule !

BERTRAND, avec intérêt.

Tu as passé de mauvais jours, en prison ?

GÉRARD, ironique.

Non, tous les jours on vous donne un bifteck. Y a-t-il du genièvre, ici ?

BERTRAND.

Non.

GÉRARD.

Vas-en chercher ; si je ne bois pas, je vais tomber en défaillance.

BERTRAND, avec embarras.

C'est que... je n'ai pas d'argent...

GÉRARD.

En voilà... (Il fouille dans sa poche et en tire une poignée de sous.) J'en ai gagné en prison. Tiens...

BERTRAND.

Faut-il aller chez la Roussette, au coin ?

GÉRARD.

Ça m'est égal. Dépêche-toi, seulement. (Bertrand sort, Gérard s'approche de la fenêtre.) La mère va bien ? (Un silence.) Et Jeanne !

BERTRAND.

Elle travaille dans les champs de pommes de terre.

GÉRARD.

Elles ne veulent plus entendre parler de moi, hein ? (Brutalement.) Hein ?

BERTRAND.

Pourquoi ?

GÉRARD.

Pourquoi... Ne fais donc pas la bête !

BERTRAND, embarrassé.

C'est que... je ne sais pas comment te dire... tu as l'air si... bizarre...

GÉRARD.

Bizarre !.. Imbécile !.. Elles sont furieuses, hein ?
(Brutalement.) Mais réponds-moi donc !

BERTRAND.

Je ne sais pas...

GÉRARD.

Va-t'en au diable ! Tu ne sais jamais rien, toi !

Bertrand disparaît.

SCÈNE XII

GÉRARD, JEANNE.

JEANNE, entre, tenant un lapin pris dans un piège.

Seigneur Jésus !.. (Elle laisse tomber le lapin.) Gérard !..
Elle se jette à son cou, l'embrasse et éclate en sanglots,
nerveusement.

GÉRARD, sombre.

Allons, en voilà assez ! sacrée pleurarde ! Est-ce
fini, voyons !

JEANNE, sanglotant toujours.

Je suis si heureuse !.. si heureuse !.. Mon Gérard !..

GÉRARD, violemment.

Est-ce fini ! Voyons !

JEANNE.

Ce n'est pas de ma faute !

Elle sanglote, plus fort.

GÉRARD, s'éloignant d'elle.

Allons !.. Tu m'embêtes ! Tu fais un tapage !

JEANNE.

Un tapage !..

GÉRARD, avec humeur.

C'est vrai, tu ne sais pas... Seul pendant six mois, dans l'ordure, enfermé dans une cellule... (Couvrant ses yeux de ses mains.) Baisse donc le store, le soleil m'aveugle !

JEANNE.

Mon Dieu, Gérard !..

GÉRARD.

Dépêche-toi... Ah ! ça va mieux.

JEANNE.

Et ta barbe ?..

GÉRARD.

Ma barbe ne leur plaisait pas, le Gouvernement l'a fait couper... J'ai enlaidi, hein ? Je suis foutu ?

JFANNE, avec un rire forcé.

Toi ? mais pas du tout ! On ne dirait même pas que...

Elle recommence à sangloter doucement.

GÉRARD.

Au diable ! Si c'est tout ce que tu as à me dire !.. (Elle rit nerveusement. — Il lui montre ses tempes.) Me voilà pas mal de cheveux gris, maintenant, hé ?

JEANNE.

Mais non, Gérard.

GÉRARD.

Ne mens pas ! Je le vois bien. Ah, les misérables ! Enfermer un marin dans un cachot, où il ne peut ni marcher, ni parler, ni...

Il donne un violent coup de poing sur la table.

SCÈNE XIII

Les Mêmes, BERTRAND.

BERTRAND, apportant un cruchon.

Voilà du genièvre.

JEANNE.

Du genièvre ?

BERTRAND.

Pour Gérard.

GÉRARD.

Ne t'occupe pas de ça, ça n'est pas ton affaire...
Il n'y a pas de verre ?.. Ça ne fait rien. (Il boit à
grands coups au cruchon.) Ça me remettra... Quelle
heure est-il ?

BERTRAND.

Quatre heures et demie.

JEANNE.

As-tu pris du pain ? Tu devais avoir faim ?

GÉRARD.

Oui... non... non, oui... Est-ce que je sais ?

Il boit.

JEANNE.

Gérard, c'est assez ; tu sais bien que tu ne suppor-
tes pas la boisson.

GÉRARD.

Assez ? (Il boit.) Ah, ah, ah ! Voilà le meilleur remède pour l'estomac... Il n'y en a pas encore une
brasse. (Il boit. — A Jeanne.) Qu'est-ce que tu as à me

regarder avec ton air consterné, toi? Je ne vais pas me griser! Fi donc, c'est mauvais genre! C'est que je n'en ai plus l'habitude... Y a-t-il des vivres, à bord?

JEANNE.

Je crois bien. (Montrant le lapin.) Regarde. Il est bien gras, n'est-ce pas? C'est moi qui ai posé les collets. (Elle ramasse le lapin.) Mais il est trop frais, il n'y a qu'une heure qu'il est mort.

GÉRARD.

Ce sera pour demain alors. (A Bertrand.) Va, mon gars, va acheter des provisions, du jambon, de la viande.

BERTRAND.

De la viande, Gérard?

JEANNE.

Non, c'est une folie; garde ton argent pour dimanche.

GÉRARD.

Pour dimanche, pour dimanche!.. Dis donc, est-ce toi, par hasard, qui, pendant six mois, n'as mangé que du pain noir, de la soupe à l'eau claire et des gourganes? Je me sens faible à ne pas mettre un pied devant l'autre. (Bourru.) Ne m'embête pas? (A Bertrand.) Allons, dépêche-toi... Apporte aussi du fromage. Je suis fichu de me donner une indigestion. Ah, ah, ah! Encore une petite goutte...

Bertrand sort.

JEANNE.

Non, je t'en prie.

GÉRARD, avec bonne humeur.

Pas de goutte, alors. Y a-t-il du tabac?

JEANNE, heureuse.

Je suis si contente de te voir t'égayer un peu. Oui, il y a encore du tabac, dans le pot.

GÉRARD.

A la bonne heure. C'est ma pipe, ça?

JEANNE.

Oui, je l'ai conservée soigneusement pour ton retour.

GÉRARD.

Ah ça, dis donc, Jeanne, avec qui es-tu sortie, pendant que je...

JEANNE, gaiement.

Avec l'oncle Jacques.

GÉRARD, heureux.

Vous êtes tous des canailles! (Il bourre sa pipe et fume.) Voilà bien longtemps que je n'en connais plus le goût... Ça n'est pas du tabac, ça... (Il chasse la fumée.) C'est du foin!.. Pouah! le genièvre pue et le tabac aussi!

JEANNE.

Mange un peu d'abord.

GÉRARD, posant sa pipe.

Est-ce que tu couches toujours avec ta tante?

JEANNE.

Toujours.

GÉRARD, riant.

Alors, il faudra que je couche encore au grenier?

JEANNE.

Tu y seras très bien.

SCENE XIV

JEANNE, GÉRARD, CATHERINE, puis BERTRAND.

CATHERINE, dehors.

Pourquoi a-t-on baissé le store?

JEANNE, un doigt sur sa bouche.

Chut! Silence!

Elle se place devant Gérard.

CATHERINE.

Qu'est-ce qu'on fait ici?... Qui est là?...

GÉRARD, se levant.

Bonjour, ma vieille.

CATHERINE, effrayée.

Seigneur Dieu!

GÉRARD.

Eh bien oui, c'est moi, Gérard!

CATHERINE, s'asseyant.

Ah!... j'en ai des palpitations!

GÉRARD.

C'est bon!

Il veut l'embrasser.

CATHERINE.

Non... non... tout à l'heure...

GÉRARD, blessé.

Tout à l'heure! Pourquoi, tout à l'heure?

CATHERINE, sur un ton de reproche.

Pour toute la joie que tu m'as donnée...

JEANNE, conciliante.

Tais toi donc, tante !

GÉRARD.

Ah ! des reproches ! Merci bien ! J'en ai assez de misères! S'il faut encore être reçu ainsi, je...

CATHERINE.

Qu'est-ce que tu feras ?

GÉRARD, se dirigeant vers la porte.

Je m'en vais.

CATHERINE.

Voilà comme tu nous reviens !

GÉRARD.

Il faudrait peut-être m'asseoir au banc des pêcheurs ! Merci !

CATHERINE, avec angoisse, et retenant à peine ses larmes.

Nous sommes devenues la fable du village ; on ne pouvait mettre le nez dehors, sans que...

GÉRARD, violemment.

Ceux qui ont à dire quelque chose sur mon compte n'ont qu'à parler quand je suis là. Je n'ai ni volé, ni assassiné !

CATHERINE.

Non, mais tu as levé la main sur un supérieur.

GÉRARD, farouche.

J'aurais dû l'étrangler !

CATHERINE.

Mon pauvre garçon, tu seras notre mort à tous !

Elle pleure.

GÉRARD, marchant avec fureur.

Et de deux !... Avoir été traité comme une bête,

pendant six mois, et n'avoir que des ennuis au retour!... (Il prend son paquet.) Tu sais, je ne suis pas
d'humeur à... à... (Près de la porte, il hésite et jette son
paquet à terre.) Eh bien, voyons... (Plus doucement.) Ne
pleure pas, mère!... J'aurais bien envie de t'embrasser!... (Catherine se détourne.) Tonnerre de Dieu!...

JEANNE.

Voyons, petite tante, voyons!

CATHERINE.

Ton père est au fond de la mer, quelque part, là-
bas; jamais il n'aurait voulu te revoir, lui!... Non
jamais!... Et il n'a pas eu la vie facile, va!

GÉRARD.

Je suis heureux de ne pas lui ressembler, de ne
pas être aussi soumis! Le bel honneur de se laisser
fouler aux pieds! Moi je suis plus susceptible... (Allant à sa mère.) Eh bien, il pleut toujours?

CATHERINE, essuyant ses yeux et l'embrassant.

Si tu pouvais seulement te corriger!

GÉRARD, s'emportant.

Si c'était à refaire, je le ferais encore!

CATHERINE.

Mais comment est-ce donc arrivé?

JEANNE.

Oui, asseois-toi là, et raconte-nous comment ça
s'est passé?

GÉRARD.

Merci, j'ai été assis trop longtemps. Laisse-moi
me promener dans la chambre pour me mettre en
train.

Il rallume sa pipe.

JEANNE.

Pourquoi fumes-tu, gros bête, puisque tu trouves le tabac mauvais ?

GÉRARD.

Parce que ça me convient... Il faut te dire d'abord que, sans toi, rien ne serait arrivé.

JEANNE, riant.

Ah bien, ça c'est drôle, par exemple !

GÉRARD.

Drôle?... Et rappelle-toi que je t'avais prévenue de te méfier de lui.

JEANNE.

De lui ? Qu'est-ce que tu chantes là ? Qui ça, lui?

GÉRARD.

Ce salaud... Tu ne te rappelles pas que tu as dansé avec lui, dans le cabaret de la Roussette?

JEANNE.

Dansé? Moi ?

GÉRARD.

La veille de notre départ.

JEANNE.

Avec ce quartier-maître qui louchait?... Si j'y comprends un mot... C'est donc celui-là que tu as frappé?... Mais, c'est toi qui as voulu que je danse avec lui !

GÉRARD.

Est-ce qu'on peut dire non, quand un supérieur... A bord, il racontait des choses... Je l'ai entendu qui disait au premier maître que...

JEANNE, vivement.

Que quoi ?

GÉRARD.

Que... N'importe; il parlait de toi comme de la première fille à matelots venue.

JEANNE.

Le misérable !

GÉRARD.

Quand il est rentré dans le poste, après son quart, je lui ai travaillé la gueule, à coups de barres de fer. Cinq minutes plus tard, j'avais les chaînes aux mains. Je les ai gardées six jours; (Avec ironie.) Il n'y avait plus de place au cachot. Quinze jours de prison, six mois de cellule, et défense de servir dans la Marine Royale, pendant dix ans. Le plus dur, c'est cette interdiction ! (Avec ironie.) Tonnerre de Dieu, comment donc, mais on se ferait couper les deux mains pour y revenir, pour être encore maltraité, accablé d'injures, comme un gueux, traité comme un esclave...

CATHERINE.

Gérard, Gérard, ne parle pas ainsi ! L'Ecriture nous dit...

GÉRARD, s'emportant.

L'Ecriture ! Elle ne parle pas pour nous, l'Ecriture !

CATHERINE.

Gérard, n'as-tu pas honte...

JEANNE.

Il a raison.

CATHERINE.

Il fallait aller trouver le commandant...

GÉRARD.

Ah, ah, ah ! Tu aurais dû être matelot, mère ! Aller

trouver le Commandant! Ah, ma pauvre vieille, en voyant ta bonne figure résignée, on est bien embarrassé de te répondre!... Pourquoi déserte-t-on? Pourquoi Pierre le chauffeur s'est-il coupé deux doigts — quinze jours avant mon affaire? Pour s'amuser, peut-être? Pour faire une farce?... Je ne vous en veux pas, on ne vous a rien appris, et, moi-même, j'ai été tout glorieux de mon uniforme; maintenant, j'ai l'âge de raison, je voudrais avertir tout le monde! — Quand je suis entré au service, je n'étais qu'un gamin signant l'engagement de massacrer les gens pendant quatorze ans.

CATHERINE.

De massacrer!... Ne dis donc pas de si terribles choses, mon garçon! Tu es encore tout troublé...

GÉRARD.

Troublé? Moi? Non, pas le moins du monde... plutôt brisé... J'ai fait la guerre, à Java; j'y ai passé ma baïonnette à travers le corps d'un pauvre diable; son sang a jailli sur ma figure. On m'a décoré. Ma médaille de Java se trouve encore dans mon paquet. Passez-le moi. (Jeanne ramasse le paquet. Bertrand entre et regarde.) Où est-elle donc, cette précieuse médaille? (Il arrache la médaille de son veston de matelot et la jette par la fenêtre) Voilà! Je l'ai trimballée assez longtemps sur ma poitrine!

CATHERINE.

Gérard! Gérard! Qui t'a donc changé ainsi! Je ne te reconnais plus!

GÉRARD.

Et qui donc a racolé pour quatorze ans, un pauvre gamin ne connaissant ni A, ni B, l'a élevé et dressé pour une vie de chien, et l'a mis aux fers, quand il voulait défendre sa fiancée ? Il fallait m'y voir, dans ces fers, gémissant avec une autre bête qui traînait aussi des entraves à ses pattes, pour avoir répondu insolemment à l'officier de quart ; nous étions libres seulement pour prendre l'air, ou aller aux...

JEANNE.

Ne parle plus de tout cela ; tu es encore si fatigué !...

GÉRARD, avec une colère toujours grandissante.

Puis, le cachot ! Ce trou noir et infect, auprès duquel votre étable à cochons est un palais ! Le cachot, sans fenêtre, sans lumière, le cachot où l'on ne peut ni rester debout, ni se coucher, le cachot où l'on vous jette un peu de pain et d'eau : Attrape, chien, et mange !... Un jour, nous avons eu une tempête terrible, deux chaloupes ont été enlevées et broyées par la mer ; on se croyait perdus, on pensait que c'était bien fini, qu'on ne reverrait plus jamais les siens. Périr dans un cachot si noir, sans pouvoir dire un mot à personne, ni serrer une main amie... (Mouvement des deux femmes.) Non, laissez-moi tout dire, ça soulage... Encore une goutte... (Il boit rapidement.) Du cachot, au conseil de guerre.

CATHERINE.

Gérard, mon Gérard !...

GÉRARD.

Le conseil de guerre... Six mois de prison ! Six mois pour me corriger ! Pour me corriger en mangeant des choses qu'on ne pouvait pas avaler... du pain noir, du gruau, de la soupe aux pois... Pendant trois mois, j'ai collé des sacs, souvent je mangeais la colle aigre et pourrie, pour calmer ma faim. Pendant les trois

autres mois, j'ai trié des pois, et, vous n'allez pas
me croire, mais que je ne voie plus jamais la mer, si
je mens ! — le soir, sur la flamme du bec de gaz, je
faisais bouillir, dans mon seau où l'on vidait les eaux
sales, les pois que je pouvais voler. Alors, la poignée devenait chaude, on ne pouvait plus la tenir et
on mangeait les pois à moitié crus, pour avoir au
moins quelque chose dans l'estomac... Tout ça, pour
vous corriger, pour vous faire repentir d'avoir étrillé
un gredin qui appelait « fille » votre bonne amie.

CATHERINE.

Ça, c'est bien injuste !...

GÉRARD.

Injuste ! Tu crois? Mettre un marin, qui ne peut
vivre sur la mer, dans une cellule étroite ! Plus de
vent, plus d'eau, plus d'air ! Tout en haut, une fenêtre grillée, grande comme un hublot. Et l'odeur de
ses propres ordures dans le seau ! Et les nuits ! les sacrées nuits où l'on ne pouvait pas dormir ! Les nuits
où l'on s'éveillait en sursaut, pour arpenter l'espace
comme un frénétique — quatre pas à chaque fois —
les nuits où l'on finissait par prier, pour ne pas perdre la raison. Les nuits où l'on maudissait tout ! tout !
tout !

Il se cache la tête dans ses mains.

JEANNE, s'approche de lui, après un long silence, et l'embrasse. — Catherine pleure. — Bertrand entre et demeure
comme hébété.

GÉRARD.

Voyons, pas d'attendrissement !... (Il tousse pour ren-
foncer ses larmes.) Une allumette ! (Il fume.) Voyons,
mère !... (Il va à la fenêtre. — A Bertrand.) Dépose tes
friandises, toi !... (Il lève le store.) Tiens, le coq sur le

toit!... Croiriez-vous que je partirais bien volontiers tout de suite!... Deux jours sur la mer, sur la bonne mer, et je serais complètement remis!... Ah, voilà Gertrude... Qu'est-ce qu'elle a donc à pleurer si fort ?... Hé, Gertrude!...

CATHERINE, vivement.

Tais-toi, ne l'appelle pas! La *Marie* vient d'entrer au port, sans son homme... (Quelques femmes passent dans le fond, au dehors, en pleurant et en causant à voix basse.) Pauvre femme!... Six enfants!...

GÉRARD.

Est-ce que... André?... (Catherine lui fait un signe affirmatif.) Nom de Dieu!

Il baisse lentement le store, dans une morne rêverie.

ACTE DEUXIÈME

Même décor.

SCÈNE PREMIÈRE

JEANNE, SIMON, MARIETTE.

JEANNE, près de la table.

Tiens, Mariette!

MARIETTE.

Bonjour!... Ils ne sont pas encore rentrés?

SIMON, gagnant la porte.

Non, pas encore.

JEANNE.

Tu t'en vas, déjà.

MARIETTE.

Voyons, père, tu ne peux donc pas rester un peu
avec nous?

SIMON.

Si, si... je ne m'éloigne pas, il faut que...

MARIETTE.

Il ne faut rien du tout... Voyons, père...

SIMON.

Par tous les diables, tu me prends donc pour un
enfant!

Il sort en grommelant.

SCÈNE II

JEANNE, MARIETTE, CATHERINE.

MARIETTE.

Il n'y a pas moyen de le retenir, c'est comme ça,
dès qu'il est levé.

JEANNE.

Il ne change pas, alors?

MARIETTE.

Si tu l'avais vu, avant-hier! Tout le village cou-
rait après lui... Ah, du vivant de ma mère, il n'osait
pas... Elle lui flanquait des coups, quand il sentait
l'eau-de-vie! Mais moi, je ne peux pas...

JEANNE, riant.

Ah, ah, ah! Si Michel t'entendait...

MARIETTE, vivement.

Michel! Je ne l'ai jamais vu boire!... Et le père,
lui, il buvait rarement, autrefois... Enfin, je ne peux
pas lui boucher le gosier, ni le tenir en laisse. (Elle
regarde par la fenêtre.) Pardi!... J'en étais sûre... Il est
chez la Roussette, l'ivrogne!... (Elle va au seuil de la
porte.) Tiens, voilà ta tante. . Quel âge a-t-elle, maintenant, la mère Catherine?

JEANNE.

Soixante et-un ans. Elle est encore solide, n'est-ce
pas ?... Mais assois-toi donc. Dis-moi, (Gaiement.) à
quand le mariage?

MARIETTE.

Ça dépend de la campagne de pêche... Vois-tu,
nous voudrions que ce fût pour bientôt... (Souriant,
avec hésitation.) parce que... parce que... Enfin, tu me
comprends, n'est-ce pas?... Mais il faut d'abord que
Michel fasse venir ses papiers, puis quinze jours pour
les bans; alors il sera reparti; enfin, cinq semaines
encore. Cinq petites semaines encore, c'est vite passé,
n'est-ce pas?

JEANNE, avec gaieté, confidentiellement.

Nous, nous nous marions en décembre.

MARIETTE.

Mais, c'est comme nous, alors!.. Est-ce que tu
serais, toi aussi?... Voyons, puisque je viens de te
faire mes confidences...

Jeanne hausse les épaules et rit.

CATHERINE, entrant.

Tu ris toujours, toi! Bonjour, Mariette.

MARIETTE.

Vous vivrez encore cent ans, vous, mère Catherine!

CATHERINE, déballant un panier.

Dieu m'en préserve! Encore cent ans! Je ne suis
pas assez riche pour ça! (Ouvrant un papier.) Voilà des
gâteaux... Tu peux en goûter... toi aussi... Non, un
seul! Tu as les doigts crochus, tu sais!... Une demi-
livre pour chacun des garçons, et un demi-paquet de
tabac, avec un sachet de cigares... Est-ce que je vous

ai dit ce que je donnais à Bertrand, pour le récompenser de s'être montré si brave, maintenant?

JEANNE.

Mais, tante, il me semble que c'est à Gérard, que tu devrais...

CATHERINE.

Non, je trouve si gentil à ce pauvre garçon de s'être enfin décidé, que je veux faire quelque chose pour lui; il l'a bien mérité.

MARIETTE, regardant.

Vous les avez achetées?

CATHERINE.

Achetées, moi! Allons donc! Ce sont des boucles d'oreilles très anciennes; mon mari les portait à la maison, et dehors le dimanche.

MARIETTE.

Tiens, il y a des petits bateaux, des petits mâts et des petites voiles... C'est ça qui m'irait bien pour en faire une belle broche.

JEANNE.

Mais pourquoi les donner au poltron? Gérard, qui est l'aîné...

CATHERINE.

Tu as tort de l'appeler encore poltron, Jeanne!

MARIETTE.

Vous avez eu du mal à le faire signer, hein?

CATHERINE.

Oui; mais comme il devait partir avec son frère, il a fini par consentir... Et puis, soyons juste, Bertrand n'est pas vigoureux, on l'a exempté du service; il a été très frappé par la mort de son père et de son frère Joseph...

JEANNE.

C'est insensé! Autrefois, il n'y avait pas assez
d'injures et de malédictions pour « le poltron », « le
fainéant » et maintenant, il n'y a plus que lui, à la
maison!

CATHERINE.

C'est possible, mais il a beau avoir eu tous les torts
du monde, dans une heure je ne l'aurai plus... dans
une heure!... Il faut toujours se séparer bons amis...
Un petit verre de liqueur, Mariette? Nous avons des
gaufres fraîches et des gâteaux d'amandes; ce sont
les provisions pour ma fête... Si j'avais su que ce serait aujourd'hui, ce départ... Donne les verres, Jeanne,
Sarah va arriver, et un petit verre ne fera pas de
mal aux gars.

SCÈNE III

JEANNE, MARIETTE, CATHERINE, JACQUES,
DENISOT.

JACQUES, à la fenêtre, au dehors.

Des jeunes filles et de l'anisette, nous arrivons
bien.

CATHERINE.

Je t'en prie, jette ta chique, avant d'entrer.

JACQUES.

Jeter ma chique! Tu n'y penses pas!... (Il la serre
dans un mouchoir rouge.) Catherine, je te souhaite toutes
les meilleures choses du monde!

DENISOT.

Et moi de même, mère Catherine.

JEANNE, prenant la bouteille.

Inutile de vous demander, n'est-ce pas?...

JACQUES.

Comme tu dis... Tu peux encore en ajouter une larme...

JEANNE.

Le verre déborde.

JACQUES.

Ça ne fait rien, je n'en perdrai pas une goutte, tiens, regarde. (Il se penche en tremblant sur la table et hume la liqueur.) Hé, hé, hé, hé !

DENISOT.

Des gâteaux d'amandes? Ça me va.

Il bâille.

MARIETTE, imitant son bâillement.

Merci, vous êtes poli, vous!

DENISOT.

Quand tu auras mon âge, tu verras... Je n'ai pas fermé l'œil de la nuit, et cet après-midi, je n'ai pas pu faire mon somme.

JEANNE, riant.

Allez vous coucher, alors.

JACQUES.

Ça ne lui déplairait pas, surtout avec une belle fille pour lui chauffer les pieds.

MARIETTE.

Contentez-vous plutôt de faire bassiner votre lit, Denisot.

JACQUES.

Ben moi, si j'avais le choix...

CATHERINE.

Veux-tu te taire, vieux bavard! En voilà un qui ne peut plus attacher son pantalon sans l'aide de la directrice, et il veut...

JEANNE.

Fi donc, oncle Jacques!

Elle rit.

MARIETTE, riant.

Fi donc!

SCÈNE IV

LES MÊMES, SARAH.

SARAH, entrant par la porte de gauche.

Bonjour tout le monde, bien des compliments!

JACQUES.

Entrez donc.

SARAH.

Bonjour, Denisot, bonjour, Jacques, bonjour... Non, merci, je ne m'asseois pas...

CATHERINE.

Un petit verre, seulement?...

SARAH.

Non, je ne m'asseois pas; le fricot est sur le feu.

JEANNE, insistant.

Voyons, Sarah!

SARAH.

Non, non; j'ai laissé la porte contre, si jamais le chat renversait le réchaud... Non!... non. Enfin, donne, puisque c'est versé. . (Elle prend un petit verre.) Allons, beaucoup de bonnes et heureuses années, Catherine, et que les gars .. Tiens, où sont-ils, les gars ?

CATHERINE.

Gérard est allé dire adieu à tout le monde ; Bertrand aide Michel à embarquer les matelas et les imperméables ; ils ne vont pas tarder à rentrer, ils doivent être à bord à trois heures

SARAH, buvant.

Ça vous brûle l'estomac !... Avez-vous été chez Marcelin, hier ? Quelle noce, mes enfants ! La mariée était émue !... Elle avait avalé trois verres de « Parfait amour, » deux de « Bouquet de la Mariée » et au moins une demi-douzaine de petits verres de « Mille Fleurs... » Dieu sait où elle a laissé tout ça !...

JACQUES.

Et ce que ses chères petites lèvres devraient être poisseuses !... Hé, hé, hé ! Moi, j'aimerais mieux un boujaron d'eau-de-vie, tout simplement... Qu'en dis-tu, Denisot ?

DENISOT, se réveillant en sursaut.

Quoi ? Qu'est-ce qu'il y a ?

CATHERINE.

Ah ça, est-ce que tu viens ici pour dormir ?... On dirait que tu ne t'es pas couché, cette nuit...

JACQUES, riant.

Peut-être, qui sait !

DENISOT, fâché.

Pas de mauvaises farces, hein, toi !

CATHERINE.

Voyons, Jacques, laisse un peu ta chique !

JACQUES.

Tu ne devinerais jamais qui me l'a donnée. Il n'y a pas dix minutes, j'ai rencontré Lebois, l'armateur; il m'a offert un petit rouleau de papier buvard blanc, avec du tabac... comment appelle-t-on ça, déjà?...

MARIETTE.

Une cigarette?

JACQUES.

Parfaitement. Mais pour la fumer, merci bien... c'est une chique en chemise.

SARAH.

Et toi tu es un vieux pochard... Non, je ne m'asseois pas.

JEANNE.

Le verre est rempli.

SCÈNE V

Les Mêmes, SIMON.

SIMON, ivre.

Bonjour.

CATHERINE.

Bonjour, Simon. Approche-toi, voyons.

SIMON, s'abattant sur une chaise, à côté de la porte, à gauche.

Je suis bien là...

JACQUES.

Un petit verre?

MARIETTE, vivement.

Non, non!

SIMON, hargneux.

Pourquoi, non?

MARIETTE.

Tu en as assez.

SIMON, de même.

Par tous les diables!...

MARIETTE.

Ah! C'est fini de rire!

CATHERINE.

Tu n'as pas vu Gérard?

SIMON.

Heu... heu... Gérard?

JACQUES.

Allons, donne-lui un verre. Le coup du départ.

MARIETTE, brusquement.

Non, non! Je vous dis non!

SIMON, d'une voix sourde et menaçante.

Tu dis non!... Sacré nom de Dieu!

Il allume sa pipe.

CATHERINE.

Est-ce qu'il y a beaucoup d'ouvrage au chantier,
Simon?

SIMON.

Pour sûr.

SARAH.

Moi, je m'en vais.

JEANNE.

Ça n'est pas gentil; ils vont arriver. Assieds-toi un
instant.

SARAH.

Non, si je m'asseois, je vais perdre mon temps à bavarder .. Un demi-verre, puisque tu insistes... Non, pas de gaufre, merci...

SCÈNE VI

LES MÊMES, GÉRARD.

GÉRARD, entrant.

On dirait toutes les poules lâchées sur le pont ! Bonjour tout le monde. (Apercevant Simon.) Encore saoul !... Hé, Simon !

SIMON, grommelant.

Heu !... Oui !...

MARIETTE.

Laisse-le, va.

GÉRARD.

Te voilà bien équipée, toi !... Encore un quart d'heure, mes enfants... Verse toujours, Jeanne. (Il passe entre Jeanne et Catherine.) A ta santé, mère !... A la tienne, Jeanne... A la tienne, Denisot !

JEANNE.

Ah ! ah, ah, il s'est endormi, son gâteau à la main !

CATHERINE, à Jacques.

Qu'est-ce qu'il a donc, ton ami ?

JACQUES.

Chut !... (Riant, et à mi-voix.) Figurez-vous que cette nuit, (Il pouffe de rire et s'arrête pour ne pas réveiller Denisot.) il a pissé dans son lit... (Il rit plus fort, mais sans bruit.) oui, dans son lit... alors, il a eu tellement peur de la directrice, qu'il s'est levé pieds nus, et qu'il a été faire sécher son drap près du poêle... ah, ah, ah... mais, le matelas était trempé comme une soupe, et avant qu'il n'ait pu sécher, ah, ah, ah... Surtout ne lui dites pas que c'est moi qui vous ai raconté ça !... ah, ah, ah !

JEANNE, riant.

Ah, ah, ah !

MARIETTE.

C'est gentil à toi, de trahir ton camarade.

JACQUES.

Trahir !... Je ne l'ai pas raconté à la directrice, ainsi...

GÉRARD.

Et quand tu le lui raconterais, à la directrice ! C'est donc le pain de la charité que vous mangez, vous autres !... Avoir peur de la directrice !

JACQUES.

Tu en parles à ton aise, toi ! Quand on est pris sur le fait, c'est quinze jours de consigne !

GÉRARD.

Pauvres diables ! Si je devais en être réduit là, dans ma vieillesse !...

JEANNE.

Voilà qui est aimable ! Nous ne sommes pas encore mariés et tu te vois déjà veuf !

GÉRARD, gaiement.

Reste encore à savoir si tu me porteras bonheur, toi ! Ah, ah, ah !... Si je le réveillais !...

Il chante.

Debout, debout, ne te fais pas attendre,
Le babordais, à terre doit se rendre,

Allons prendre sa place, morgué,
L'heure du réveil a sonné (*bis*)
L'appel des tribordais, ami, vient de sonner.

Tous donnent un grand coup de poing sur la table.

TOUS, riant.

Ah, ah, ah, ah !

DENISOT, se réveillant en sursaut, au milieu de l'hilarité générale, avec humeur.

Ne crains rien, ça t'arrivera aussi, quand tu auras mon âge !

GÉRARD.

Ah, ah, ah, je n'y arriverai jamais, à ton âge. Bateau avarié, bon à couler !

JEANNE.

Gérard !

SARAH.

Tu n'arriveras pas à mon âge, toi ! Ben, si tu avais dit ça autrefois, quand tu n'avais pas plus de force qu'un linge mouillé ! Mais aujourd'hui !... La prison t'a fait du bien, mon gars !

JACQUES.

Ah, ah, ah ! C'est le cas de chanter pour toi, ce qu'on a chanté pour l'autre, que tu as fait des brosses !... Ah, ah, ah !

Il chante, d'une voix de fausset.

Le petit Gérard dut fair' des brosses
Hi, ha, ho !

SARAH.

Dut fair' des brosses

TOUS, sauf GÉRARD.

Hi, ha, ho !

GÉRARD, riant.

Canailles, va !... Voilà qu'ils en rigolent tous !

CATHERINE, inquiète.

Je vous en prie, ne soyez pas si bruyants, ça n'est
pas bien!

JEANNE.

Ç'est ça! Je l'attendais, celle-là! N'oublie donc pas
que c'est ta fête, aujourd'hui, tante! Tu ne t'asseois
toujours pas, Sarah?

SARAH.

Dam... il n'y a plus de chaise!

MARIETTE.

Je resterai bien debout, moi, prends la mienne.

SARAH.

Non, ne te dérange pas.

Elle s'accroupit à côté de Jacques.

JACQUES.

Prends garde, tu vas me faire tomber. Fiche-toi le
pouce dans le derrière et asseois-toi dessus.

Rire général et bruyant.

SIMON, d'une voix sombre.

Faut pas qu'ils y aillent!... Non... Pour sûr!...

MARIETTE.

Voyons, père!...

GÉRARD.

Laisse-le donc tranquille, il ne gêne personne!

SIMON, gesticulant d'un air hébété.

Faut pas... Faut pas, je te dis!...

MARIETTE, impatientée.

Quoi?... Qu'est-ce que tu veux dire?

SIMON.

La carène, vois-tu... et puis... (D'un ton ferme.) Pour
sûr!

TOUS, sauf MARIETTE.

Ah! ah, ah, ah, ah!

SCÈNE VII

Les Mêmes, MICHEL.

MICHEL.

Bonjour.

CATHÉRINE.

Te voilà seul!... Et... Bertrand?...

MICHEL.

Je n'en sais rien.

CATHERINE.

Pourtant, vous étiez ensemble à porter à bord les matelas!...

MICHEL.

Il a fait des histoires avec le patron!

JEANNE.

Des histoires! Déjà!

MICHEL.

Je n'ai pu distinguer qu'un seul mot: il a peur, peur, toujours peur! (A Mariette.) Nous partons?

JEANNE.

Prends d'abord une goutte; c'est la fête de ma tante.

MICHEL.

Bah! Je tombe bien, alors. Mère Catherine, je vous la souhaite bonne et heureuse, accompagnée de beau-coup d'autres!

CATHERINE.

Tu m'as fait peur !

MICHEL, riant.

Peur ?

CATHERINE.

Oui. Ça ne doit pas te surprendre. J'ai demandé un acompte à Lebois...

GÉRARD.

Laisse-nous donc tranquilles ; tu n'as rien à craindre, puisqu'il a signé.

JACQUES, riant.

Ne t'inquiète pas, il est allé dire adieu à sa bonne amie. (On entend au dehors Gilles qui joue du violon.) Traderideri...

SARAH.

Reste donc un peu tranquille ; on dirait que tu as le diable au corps !

SCÈNE VIII

LES MÊMES, GILLES.

GILLES, jouant un vieil air de polka.

Pour la musique, s'il vous plaît, messieurs et dames.

GÉRARD.

Tu peux entrer, mon vieux.

JEANNE.

Pauvre bonhomme, il maigrit tous les jours !

GILLES, continuant à jouer.

Je viens une fois par semaine...

GÉRARD.

Joue-nous autre chose ! Cette sacrée polka !...

JEANNE.

Oui, joue-nous, cet air... Comment est-ce, déjà ?

JACQUES.

Oui, joue-nous ça, c'est joli !

SARAH.

Tu sais bien, Gilles, ça commence :

Elle chante.

Sous le beau ciel de...

MICHEL.

Tu ne vas pas pleurnicher des romances !

GILLES, entonnant la Marseillaise.

Allons, enfants de la patrie...

GÉRARD.

Non, quelque chose de plus nouveau !

Il chante :

Debout, les damnés de la terre,
Debout, les forçats de la faim !
La raison tonne, en son cratère...

SCÈNE IX

LES MÊMES, LEBOIS.

LEBOIS, qui s'est arrêté devant la croisée ouverte, pour
écouter la chanson, crie avec colère.

Qu'est-ce que c'est que ce vacarme ? (silence général,
terrifié.) On t'attend à bord, nom de Dieu ! C'est l'heure
du départ !

Il s'en va furieux. Tous demeurent consternés.

SCÈNE X

LES MÊMES, moins LEBOIS.

CATHERINE, après un long silence.

Oh !... Ce que j'ai eu peur !

JEANNE.

Qu'est-ce qu'il lui a pris ?

MICHEL.

Diable m'emporte si je savais d'où sortait cette voix !

SARAH.

Quelle bêtise, aussi, d'aller crier comme un cochon de lait qu'on égorge. Quand on sait que M. Lebois demeure à deux pas !

MARIETTE.

Mon Dieu, comme il avait l'air furieux !

CATHERINE.

Aussi, pourquoi chanter des chansons pareilles !

GÉRARD, s'emportant.

Nom de Dieu ! Est-ce que je suis chez moi, oui non ? Si je n'avais pas été si surpris de l'apparition de ce petit bout d'homme quand on ne s'attendait à rien, je l'aurais arrangé, et bien ! (Imitant Lebois.) « On t'attend à bord, nom de Dieu !... » Joue toujours, Gilles !

Gilles recommence.

CATHERINE.

Voyons, Gérard, je t'en prie ! J'ai peur que M. Lebois...

Elle fait signe à Gilles de cesser.

GÉRARD, *avec éclat.*

Allez donc ! Celui-ci a peur de de partir, celui-là a peur de la directrice, l'autre d'un petit armateur de rien !... Ce monsieur qui vient faire le maître chez moi !... commander comme si j'étais un domestique !

SARAH.

Ecoute, Gérard, sérieusement, si tu étais armateur, tu ne voudrais pas non plus qu'un de tes matelots vienne chanter à tes oreilles des chansons socialistes !

CATHERINE.

Et il sait combien j'ai besoin de ménager M. Lebois..

GÉRARD.

Le ménager ! Pourquoi, le ménager ? Parce que tu as l'honneur de nettoyer sa maison ? A ta place, je le paierais et je le remercierais de m'autoriser à laver les lieux chez lui, à balayer son bureau, à enlever ses ordures et à lécher la boue de ses bottes... Tout ça pour deux pièces de cinquante cens et les restes qu'ils n'ont pas pu manger !

JEANNE.

Ne te monte donc pas ainsi, bête que tu es !

CATHERINE.

Je vais avoir une belle scène, samedi ! Ah ! mon Dieu !...

GÉRARD.

Une scène ! Pourquoi une scène ? Si tu ne t'étais pas laissé marcher dessus, toute ta vie, par ce monsieur, qui n'avait pas un cens, quand il a commencé, si tu ne t'étais pas laissé traiter comme une mendiante pendant que mon père et mes frères se faisaient noyer aux sables, pour garnir sa bourse, tu pourrais lui chan-

ter ce que tu voudrais, sans qu'il ose seulement ouvrir la gueule !

CATHERINE.

Moi... je... moi ?... Ah ! Dieu m'en préserve !

GÉRARD.

Que Dieu te préserve de plier toujours l'échine !..
Tiens, Gilles... (Il lui donne une pièce de monnaie.) Avant
un an, la mère te donnera elle-même des cens, pour
jouer :

Il chante :

Debout, les damnés de la terre...

CATHERINE, vivement.

Je t'en supplie, Gérard, tais-toi !

Elle lui met sa main sur la bouche.

JEANNE.

Mon Dieu, comme tu taquines ta pauvre mère, pour
sa fête ! (Gilles fait la quête.) Tiens, Gilles.

JACQUES, à Gilles.

Je ne peux rien te donner, mon ami, j'ai déposé
tout mon argent chez mon banquier, que voilà.

Il montre Denisot.

DENISOT, avec humeur.

Assez de bêtises, hein !

GILLES.

Merci bien, messieurs et dames.

Il sort.

MICHEL, à Gérard.

Eh bien, viens-tu ?

GÉRARD.

Attendons un moment ; Bertrand va arriver. Tu

5

es bien pressé ! Les gars doivent passer par ici ; nous partirons avec eux.

SARAH.

Tu ne comprends donc pas que ces jeunes gens... Voyons, au revoir, et bon voyage.

MICHEL et MARIETTE.

Au revoir !

> Brouhaha, adieux, souhaits de bon voyage. Michel, Mariette et Simon sortent.

CATHERINE.

Deux heures et demie !... Je commence à être inquiète !

SARAH.

Deux heures et demie !... Déjà !... Et moi qui ai laissé notre porte ouverte ! Au revoir, mère Catherine... (A Gérard.) Bon voyage !... Au revoir, tout le monde !...

> Elle sort par la porte de gauche.

SCÈNE XI

CATHERINE, GÉRARD, JEANNE, JACQUES,
DENISOT, LEBOIS.

LEBOIS, entrant brusquement, à Gérard.

Est-ce que toi aussi, tu serais d'avis, par hasard, qu'il vaut mieux rester à la maison ?

GÉRARD, bourru.

C'est à moi que vous parlez ?

LEBOIS, avec colère.

Parfaitement, à toi. Je viens de donner mes ordres au patron Giraud, tu comprends?

GÉRARD, tranquillement.

Ce pauvre homme a perdu la tête !

LEBOIS, s'emportant.

Le capitaine du port est prévenu !

GÉRARD, avec une colère contenue,

Je me moque pas mal de lui, et de vous ! (Jacques et Denisot se glissent au dehors, puis s'arrêtent près de la fenêtre pour écouter.) Mais vous êtes fou ! Qui diable vous a dit que je ne partirais pas ?

CATHERINE.

Monsieur, il est tout prêt...

LEBOIS.

Ton autre fils, que Giraud a enrôlé comme premier matelot, ne veut plus s'embarquer, maintenant !

CATHERINE.

Oh ! mon Dieu !

LEBOIS, apercevant Jacques et Denisot.

Qu'est-ce que vous faites là vous à écouter ce qui ne vous regarde pas? Fichez-moi le camp!... (Tous deux saluent d'un air pénaud, et disparaissent.) On dirait un cabaret, ici, débauche et rébellion!...

JEANNE, s'excusant.

C'est la fête de ma tante, et...

GÉRARD, avec colère.

Et quand ça ne serait pas sa fête, nous ferions tout de même ce qu'il nous plairait de faire!

LEBOIS.

Je t'engage à baisser le ton...

GÉRARD, s'emportant.

Baisser le ton!... D'abord, foutez-moi le camp, vous!

CATHERINE, avec angoisse.

Voyons, Gérard, mon enfant!... (A Lebois.) Ne vous fâchez pas, monsieur, il a un caractère violent et il dit des choses...

LEBOIS.

Des choses qu'il ne devrait pas dire... Oignez vilain... tu sais le reste... Soyez donc bon pour les gens! (D'un ton de menace.) Si tu n'es pas à bord dans dix minutes, je t'enverrai chercher par la police.

GÉRARD.

Il m'enverra chercher... Savez-vous à qui vous parlez?

LEBOIS, avec éclat.

A qui je parle! Il a l'aplomb de le demander! (A Catherine.) Tu viendras encore m'implorer en faveur d'un révolté qu'on a chassé de la marine de l'Etat!...

GÉRARD.

Tu as imploré cet homme pour moi, mère! C'est à se tordre, ma parole! Vous, vous payez le salaire, moi, je fournis l'ouvrage. Pour le reste, je me fiche de vous comme d'une pomme!

LEBOIS.

Tu n'es qu'un garnement!

GÉRARD, menaçant.

Si ce n'était pas pour la mère, je...

JEANNE, lui passant les bras autour du cou.

Gérard!... Gérard!...

Long silence.

LEBOIS à Catherine.

Et tout cela se passe chez toi!... Au revoir!... (A la porte.) Catherine, Catherine, sache bien ce que tu fais; de bonne foi, je t'ai donné un à-compte...

CATHERINE.

Sans doute, monsieur...

LEBOIS.

As-tu jamais eu à te plaindre de moi?

CATHERINE.

Oh! non, monsieur, vous et M. le curé...

LEBOIS.

De tes deux fils, l'un refuse de partir, et l'autre... Tu finiras mal, mon ami, c'est moi qui te le prédis!...

GÉRARD.

A bord, je suis matelot; ici, je suis patron... Vrai, c'est à se tenir les côtes de rire! Voilà un armateur qui ne veut pas ceci, qui ne veut pas ça, qui arrive à la fenêtre aussitôt qu'on chante quelque chose qui n'a pas le bonheur de lui plaire...

LEBOIS.

Chante ce que tu voudras, pour ma part, je m'en moque... Mais, un marin raisonnable, sur le point de se marier, devrait être content que son supérieur veuille son bien. Est-ce que ton père, le plus brave homme du pays, aurait jamais osé menacer un armateur? Les jeunes gens d'à présent ne respectent même pas les cheveux blancs!

GÉRARD.

C'est ça, les cheveux blancs! Respecter les cheveux blancs? Oui, mais quand ils ont blanchi dans le besoin et la misère!

LEBOIS, haussant les épaules.

Ta mère m'a vu, encore enfant, devant les ba-
quets à lamproies ; je leur enlevais la tête avec mes
dents, par un vent d'est qui me coupait les oreilles...

GÉRARD.

Oh, je vous fais grâce de vos histoires, monsieur !
Vous avez été habile, vous avez gravi l'échelle et
vous voilà un homme aisé et un petit tyran. Soit ;
vous n'êtes pas plus méchant que tant d'autres, vos
caractères sont les mêmes, les noms seuls changent.
Mais je suis maître en mon logis et vous ne vous mê-
lerez pas de mes affaires. Mon père n'était pas ainsi ?
Ça prouve que nous changeons tous, et mes fils, à
moi verront peut-être un jour où ils ne trouveront pas
leur patron buvant son grog, près d'un bon feu, à
côté de son coffre-fort, quand ils viendront, comme
moi, il y a douze ans, demander, tout en larmes, des
nouvelles d'un père et de deux frères. Peut-être ils
n'entendront pas ce patron s'emporter parce qu'on lui
demande toujours la même chose, peut-être ne seront-
ils plus congédiés avec cette réponse « qu'on le leur
fera bien savoir. quand il y aura des nouvelles » !...

Il donne un coup de poing sur la table.

LEBOIS, violemment.

Tu mens ! Je n'ai jamais fait cela !

GÉRARD.

Je ne discuterai pas avec vous là-dessus. N'importe,
vous voyez que j'ai bonne mémoire... Des cheveux
blancs ! Mon père en avait, Gilles en a, le pauvre diable qui ne peut obtenir une place à l'hospice parce
que, une fois dans sa vie, il a eu les doigts crochus !
Gilles en a aussi, et de tout blancs !

LEBOIS.

Voilà un raisonnement absurde! (A Catherine.) Est-
ce vrai?... (A Gérard.) Eh bien, puisque nous en sommes là, je veux te donner un bon avis avant que tu
ne mettes à la voile. Tu as une vieille mère, tu as
envie de te marier; tu as fait six mois de prison, je
n'en dis rien, tu m'as parlé de la façon la plus inso-
lente, tu étais chez toi; mais, si tu fais des tiennes à
bord de la *Bonne Espérance*, tu verras qu'il y a un
rôle d'équipage.

GÉRARD.

Les enfants nouveau-nés savent cela.

LEBOIS.

Et, quand tu seras plus âgé, et plus sage, tu auras
honte de tes insolences... L'armateur... avec son
grog... près d'un bon feu!... Ah! par exemple!...

GÉRARD, railleur.

Et à côté de son coffre-fort...

LEBOIS, en colère.

Et avec des soucis dont tu n'as même pas idée. Qui
vous donne de quoi manger, à vous tous?

GÉRARD, froidement.

Et qui va chercher le poisson? Qui risque sa peau
à toute heure du jour? Qui reste cinq ou six semaines,
sans quitter ses vêtements? Qui a les mains pleines
de crevasses et de gerçures? Qui n'a pas une goutte
d'eau pour se débarbouiller et se laver les mains? Qui
se couche dans l'entre-pont comme les bêtes, dans des
couchettes deux à deux? Qui laisse au village des
mères et des femmes réduites à demander l'aumône?...
Nous partirons douze, tout à l'heure, et, sur tout le
bénéfice, nous aurons vingt-cinq pour cent, vous soi-

xante-quinze ; or, c'est nous qui faisons tout l'ouvrage,
tandis que vous restez tranquillement chez vous. Le
bateau, vous l'avez assuré, nous, c'est tant pis, s'il
nous arrive un accident ; nous, ne valons pas la
prime..

CATHERINE, tâchant de l'apaiser.

Gérard ! Gérard ! Gérard !

LEBOIS.

Voilà un joyeux garçon !... Tu es tout à fait ré-
jouissant ; tu aurais dû t'engager comme clown, dans
un cirque !... Vingt-cinq pour cent ne lui suffisent
pas !...

GÉRARD.

Ce ne sont pas vos largesses qui nous donnent de
quoi manger ! La participation aux « Profits et Per-
tes » nous rapporte, quand tout marche bien, huit
florins par semaine, c'est-à-dire un florin par jour !
Si tout marche bien, un florin, pour préparer en mer,
pour les bourgeois, les poissons salés, les labres, et
les merlans avec la laitance. Ah, ah, ah ! Un florin
si tout marche bien et si nous n'y restons pas, d'une
façon ou de l'autre !... Vous savez bien ce que vous
faites, en nous accordant la participation dans les bé-
néfices, vous autres !... (Devant la fenêtre apparaissent des
têtes de jeunes et de vieux pêcheurs. On salue Lebois avec dé-
férence. Une voix dit : Viens-tu ?) Je vous suis, à l'instant.

LEBOIS.

Bon voyage, mes amis !. . Dites au patron... Non,
au fait, ne lui dites rien, j'y vais moi-même... (Un
silence.) Deux heures vingt-cinq ; j'ai donc deux minutes encore, pour te dire un dernier mot, imbécile, un
dernier mot qu'à trois reprises, j'ai eu sur les lèvres,

mais qui m'a échappé parce que tu m'as coupé la parole. Quand tu seras couché, cette nuit — comme une bête, c'est entendu — essaie un peu de songer à ce que je risque, moi, quand la pêche est insuffisante, quand les filets se perdent, quand il y a des avaries, quand la foudre tombe dans la mâture, quand le vaisseau fait des culées, et Dieu sait quoi encore!... la *Jacqueline* vient de perdre un de ses panneaux, la *Reine Wilhelmine* a une moitié du bastingage emporté par les lames. Toi tu mets tout cela hors de compte, et ce n'est pas toi qui le paieras. Il y a trois mois, la *Jeannette* a été abordée par un vapeur; l'équipage a transbordé aussitôt, sans songer aux filets, aux tonnes de poisson, au bateau qui est resté abandonné. Qui se souciait de mes intérêts, à moi? La semaine dernière, des matelots de la *Mathilde* ont passé en fraude, dans leurs matelas, du genièvre et du tabac qu'ils comptaient vendre aux Anglais. On a mis l'embargo sur le bateau. Est-ce toi qui paieras l'amende?

GÉRARD, riant.

On plumerait plutôt un crapaud!

LEBOIS.

Si encore tu te plaignais de ce qui se passe ailleurs, tu aurais peut-être raison; mais chez moi, on ne vous retient ni les droits de port, ni l'amarre, ni les remorqueurs, ni les vivres, ni les tonneaux, ni le sel. Je ne vous fais pas payer non plus la perte des engins de pêche. C'est encore moi qui supporte les frais de rupture d'une fourquette ou d'un foc. J'ai donné un à-compte à ta mère... et voilà ton frère Bertrand qui déserte!...

CATHERINE, pleurant.

Je ne peux pas le croire, monsieur! Non, jamais je ne le croirai!

LEBOIS.

Giraud vient de me l'annoncer par le téléphone, autrement je ne serais pas venu ici, me faire insulter par ton fils aîné qui hurle des chansons infâmes, à ameuter tout le pays... Adieu, je vais à bord. (Avec violence.) Et, si tu n'y es pas à temps, j'applique l'article 16, les vingt-cinq florins d'amende!

GÉRARD.

Faites donc; nous sommes assez riches!

LEBOIS, à Catherine.

Quant à toi, ma femme n'a plus besoin de tes services. C'est une vraie bande, ici!...

CATHERINE, avec angoisse.

Mais... monsieur... ce n'est pas de ma faute...

GÉRARD.

C'est courageux de s'en prendre à une vieille femme!

LEBOIS.

Voilà ce qui arrive quand les enfants salissent eux-mêmes leur nid. Après ce voyage-ci, tu pourras chercher un autre armateur, plus disposé que moi à jeter des perles aux pourceaux!

Il sort.

GÉRARD.

Ah, maintenant, décampe, et vite!

Il jette violemment la porte derrière lui.

SCÈNE XII

CATHERINE, GÉRARD, JEANNE.

CATHERINE.

Quelle fête! Quelle fête!

JEANNE.

Mais ne te démoralise donc pas tout de suite,
tante ! Gérard avait raison...

CATHERINE.

. Raison !.. Le bel avantage !...

GÉRARD.

Tu ne cours pas après lui ?

CATHERINE.

Non, je vais chercher où peut être Bertrand... Mon
Dieu ! s'il déserte, on le mettra en prison, lui aussi !..
Deux fils qui...

GÉRARD.

Dis donc, mère, si tu commençais à me souhai-
ter bon voyage, ça ne serait peut-être pas de trop !

CATHERINE.

J'ai la tête perdue... Je te verrai au port, tout à
l'heure...

Elle sort.

SCÈNE XIII

JEANNE, GÉRARD.

JEANNE.

Elle me fait pitié, la pauvre femme !

GÉRARD.

Quel sale individu, ce Lebois !

JEANNE.

Bah, ne pense pas à ça... Tiens, voilà ton suroit...
ah, tu lui as joliment bien dit son fait !.. (S'asseyant
sur ses genoux.) Toutes les nuits, tu penseras à moi,

n'est-ce pas ?.. N'est-ce pas?.. (Voyant entrer Catherine, elle se lève brusquement.) Te voi'à déjà revenue!..

SCÈNE XIV

JEANNE, GÉRARD, CATHERINE.

CATHERINE, anxieuse.

Il n'est pas là?

GÉRARD, ironique.

Si, justement je viens de le cacher dans ma poche! Ah, ah, ah, ah!

CATHERINE.

Gertrude l'a vu rôder autour de la maison... Ah, mon Dieu, mon Dieu!..

GÉRARD.

Tu sais, nous partons; si le poltron ne veut pas s'embarquer, inutile de l'attendre ici.

CATHERINE.

Non... c'est vrai...

Elle s'assied, absorbée.

JEANNE.

Tu vas nous rejoindre, alors?

CATHERINE, de même.

Oui, oui!.. N'oublie pas ton tabac et tes cigares...

GÉRARD, gaiement.

Tu sais, mère, si tu arrives en retard, je ne te le pardonnerai de ma vie!

Il sort avec Jeanne.

SCÈNE XV

CATHERINE, BERTRAND.

BERTRAND, entrant précipitamment par la porte de gauche.

Chut!

CATHERINE.

Drôle!..

BERTRAND, d'un air farouche.

Chut! Tais-toi!

CATHERINE.

Comment, tais-toi! Je vais crier de toutes mes forces, au contraire, si tu ne rejoins, à l'instant même, Gérard et Jeanne!

BERTRAND, avec angoisse.

S'il en est encore temps, empêche Gérard de partir!

CATHERINE, avec colère.

Ah ça, la peur te rend fou, lâche que tu es!

BERTRAND, de même.

La *Bonne-Espérance* ne vaut rien, absolument rien! La carène est pourrie, les ais sont pourris!..

CATHERINE.

Des contes à dormir debout, pour excuser ta poltronnerie... Trois heures moins vingt-cinq! Allons, vite!

BERTRAND, pleurant presque.

Mère, tu ne me crois pas?

CATHERINE.

Je ne t'écoute même plus! Allons vite, ou je t'emmène par les oreilles!

BERTRAND, avec exaltation.

Bats-moi, si tu veux!.. Oh mon Dieu, empêche Gérard de partir! Simon le charpentier m'a averti!..

CATHERINE.

Simon! Cet ivrogne qui ne peut pas dire deux mots de suite!.. Tu es un misérable! Signer et déserter ensuite!.. Allons, viens!

BERTRAND, violemment.

Non, tu me tueras plutôt! Je ne veux pas m'embarquer sur un bateau qui n'est pas paré pour aller en mer!

CATHERINE.

Est-ce que c'est à toi d'en juger? D'ailleurs, il sort du chantier.

BERTRAND.

On ne peut plus le calfater, Simon...

CATHERINE, en colère.

Fiche-moi la paix avec ton Simon... Vite, prends ton paquet de tabac.

BERTRAND, criant.

Je n'irai pas! Je n'irai pas! Tu ne peux pas savoir, toi, tu n'as rien vu... Au dernier voyage, il a fait plus d'un pied d'eau!

CATHERINE.

Au dernier voyage! Il vient de faire sa quatrième pêche au hareng et il en a rapporté quatorze tonnes! Et il se serait pourri, comme ça, tout d'un coup, maintenant qu'il doit partir pour la pêche à l'aiglefin et que tu dois y aller, sale poltron!

BERTRAND.

J'ai été dans la cale, les tonneaux y flottent dans l'eau... toi tu ne vois pas la mort qui est là-dedans !..

CATHERINE.

Mais tous les bateaux ont de l'eau dans la cale. Les tonneaux flottent ! Tu veux me faire accroire ça, à moi, vieille femme de marin !.. Le patron Giraud n'est pas un enfant. Est-ce qu'il n'y va pas, lui? Et Michel et Jean, et Colas, et Charlot, et ton frère, et le petit Pierre, de Gertrude ?.. Tu veux t'y connaître mieux que de vieux marins ! (Avec colère.) Lève-toi et viens, je n'ai pas envie de te voir conduire à bord par les gendarmes !

BERTRAND, pleurant.

Maman, maman, ne me laisse pas partir !

CATHERINE.

Mon Dieu, comme vous me punissez dans mes enfants ! Ils vont me réduire à la mendicité !.. J'ai reçu un à-compte ; la police a été prévenue ; M. Lebois ne veut plus m'employer comme femme de ménage ; et... et.. (Durement.) Eh bien, qu'on vienne t'arrêter, après tout, ça vaudra mieux que de déserter !.. Mon Dieu, faut il voir des choses pareilles se passer dans ma famille !..

BERTRAND, courant vers la porte de la cuisine.

Alors... alors...

CATHERINE, lui barrant le passage.

Tu ne passeras pas !

BERTRAND.

Laisse-moi passer, mère ! Je ne sais plus ce que je fais, je serais capable de...

CATHERINE.

Ah ! tu n'as de courage que contre ta vieille mère !..
Lève donc la main sur elle, si tu l'oses !..

BERTRAND, tombe sur une chaise et sanglote, la tête entre
les mains.

Oh ! s'ils m'y mènent, tu ne me reverras jamais,
tu ne reverras jamais Gérard !

CATHERINE.

Tout vaisseau est dans la main de Dieu ; c'est ten-
ter le Seigneur que de divaguer ainsi, de peur ! (s'a-
doucissant.) Voyons, une homme de ton âge ne doit
pas pleurer comme un enfant ! Allons !.. Et moi qui
avais cru te faire plaisir en te donnant les boucles
du père. Viens !..

BERTRAND.

Maman !.. Je n'ose pas, je n'ose pas !.. Je n'en re-
viendrai pas ! lâche-moi, je t'en supplie !

CATHERINE.

Es-tu donc tout à fait fou, mon gars ? Supposes-tu
que je laisserais partir Gérard, si je croyais un mot de
ton rabâchage ? (Elle met le tabac dans la poche de Bertrand.) Voilà du tabac... et un sachet de cigares...
Tiens-toi tranquille, maintenant, que je te mette les
boucles !.. Regarde !.. (Elle lui parle comme à un enfant.)
C'est de l'argent, du vrai... vois-tu... des petits bateaux, avec de petites voiles... Ne bouge pas... Un...
et deux... Va te regarder dans la glace, à présent.

BERTRAND, pleurant.

Non... Non !..

CATHERINE.

Voyons, mon gars, tu m'attendris bien inutile-
ment ! Mon cher enfant, je t'aime bien, et ton frère

aussi, vous êtes tout ce que je possède au monde.
Voyons! Ecoute! Toutes les nuits, je prierai le bon
Dieu de te faire revenir sain et sauf, mais il faut
t'habituer à tout ça, pour devenir un bon marin...
alors... alors... (Elle pleure.) Voyons, Bertrand, (Elle
lui présente le miroir.) regarde un peu tes boucles,
hein?..

SCÈNE XVI

CATHERINE, BERTRAND, Deux Gendarmes.

PREMIER GENDARME, par la porte de gauche, avec bonhomie.

Le patron Giraud a prié le capitaine du port...
Dépêchons-nous, mon ami, nous n'avons pas de
temps à perdre.

BERTRAND, criant.

Je n'irai pas! Je ne veux pas y aller! Le bateau
est pourri!..

DEUXIÈME GENDARME, avec douceur.

Alors, il ne fallait pas signer d'engagement, mon
petit Bertrand!.. Ne nous oblige pas à employer la
force; viens vite, mon ami.
            Il lui frappe sur l'épaule avec amitié.

BERTRAND.

Ne me touchez pas! Ne me touchez pas!
    Il se cramponne désespérément à la porte et au lit.

DEUXIÈME GENDARME.

Vas-tu nous obliger à te mettre les menottes!

BERTRAND, gémissant.

Au secours, mère ! Tu ne me verras plus ! Je vais mourir ! Mourir dans cette saleté de mer !

PERMIER GENDARME, avec impatience.

Allons, lâche ça !

Il lui prend le poignet.

BERTRAND, se cramponnant avec plus de force.

Non !.. (Hurlant.) Coupez-moi les mains !.. Mon Dieu ! mon Dieu !..

Dans son angoisse, il tâche de remonter le long de la muraille.

CATHERINE, sur le point de pleurer.

Puisqu'il a si peur !..

PREMIER GENDARME.

Dites-lui donc de lâcher ça !

CATHERINE, pleurant et lui prenant les mains.

Voyons, mon enfant ; Dieu ne t'abandonnera pas !..

BERTRAND, lâche la porte en gémissant et sanglote désespérément.

Tu ne me reverras plus !.. Jamais !.. jamais !..

PREMIER GENDARME.

En avant !

SCÈNE XVII

CATHERINE, GERTRUDE.

CATHERINE, pleurant.

Oh !.. Oh !..

GERTRUDE, avec une curiosité inquiète.

Qu'est-ce qu'il y a donc, mère Catherine ?

CATHERINE, sanglotant.

Les gendarmes viennent d'emmener Bertrand... Et maintenant, je n'ose plus traverser le village pour aller leur dire adieu... Quelle honte !.. Quelle honte !..

Rideau.

ACTE TROISIÈME

Même décor. Le soir. Une lampe brûle. La cheminée éclaire
la chambre d'une lueur rouge et ardente. On entend le vent
mugir au dehors.

———

SCÈNE PREMIÈRE

JEANNE, CATHERINE, puis CLÉMENTINE et CAPSE.

JEANNE, lisant devant un des lits.

Et ces vers-là, c'est bien beau aussi... Tu écoutes ?... (Elle lit.)

Prière à la Vierge Marie :

Je vous salue, auguste et sainte Reine,
Dont la beauté ravit les immortels ;
Mère de grâce, aimable souveraine,
Je me prosterne au pied de vos autels.

Je vous salue, ô très douce Marie,
Vous méritez l'hommage de nos cœurs ;
Après Jésus, vous êtes, et la vie,
Et le refuge, et l'espoir des pécheurs.

Jetant un regard sur le lit. Dors-tu, tante?... dors-tu?... (On frappe. Sur la pointe des pieds, elle va à la porte et met un doigt sur sa bouche, pour avertir Clémentine et Capse de ne pas faire de bruit.) Doucement, mademoiselle...

CLÉMENTINE, à Capse.

Ferme vite la porte!... Quel temps de chien!... Quel temps!... J'ai les yeux pleins de sable... La mère Catherine est couchée?

JEANNE.

Elle s'est jetée un instant sur son lit, tout habillée; elle ne va pas bien encore; la fièvre et la toux...

CLÉMENTINE.

J'apporte une assiette de soupe et une demi-douzaine d'œufs... Viens ici, Capse!... (Plus haut.) Capse!...

CAPSE.

Je suis là.

CLÉMENTINE.

Pose tout ça sur la table... (Capse reste impassible. Plus haut.) Pose tout ça sur la table!... (Capse obéit à Jeanne.) Il est sourd comme un pot, pour mes péchés!... Qu'est-ce que tu lisais?

JEANNE.

L'Illustration Catholique.

CLÉMENTINE, à Capse.

Où as-tu mis les œufs?... (Même jeu. — Plus haut.) Où as-tu mis les œufs?

CAPSE.

Parfaitement, j'entends bien.

CATHERINE.

Il y a quelqu'un, ici?

CLÉMENTINE.

C'est moi, Clémentine.

CATHERINE.

Il fait toujours autant de vent?

CLÉMENTINE.

Je vous apporte une assiette de bouillon, mère Catherine, vous pourrez vous régaler... (A Capse.) Mais tu en as répandu plus de la moitié, malheureux!

CAPSE, avec humeur.

Je vous défie bien de ne pas remuer une casserole, quand le vent vous envoie le sable dans la figure!

CLÉMENTINE.

C'est extraordinaire, j'avais mis beaucoup plus de viande que cela!

CAPSE.

Quoi?... Je n'entends pas bien avec ce vent...

CLÉMENTINE.

Tu n'es jamais sourd que quand tu ne veux pas entendre, toi!

CATHERINE, se levant.

Je vous remercie bien, mademoiselle.

CLÉMENTINE, comptant les œufs que Capse tire de sa poche.

Un... deux... trois... quatre... (A Capse.) Et les autres?

CAPSE.

Cinq... et...

 Il regarde avec consternation sa main teinte pleine de jaune d'œuf.

CLÉMENTINE.

Cassés... J'en étais sûre!

CAPSE, tirant de sa poche sa bourse et son mouchoir, tout couverts de jaune d'œuf.

Je les avais bien calés, pourtant!... Quel gâchis!...

JEANNE, riant.

On en fera une omelette.

CAPSE, avec humeur.

Aussi, à chaque instant, vous me heurtiez!... Regardez mes clefs!...

CLÉMENTINE, riant.

Voilà ce qu'il appelle bien calé!... Va-t'en, va, rentre vite!

CAPSE, hésitant.

Mais, mademoiselle, je ne peux pas vous laisser...

CLÉMENTINE.

Tu peux t'en aller; je retrouverai bien mon chemin toute seule.

CAPSE, s'efforçant vainement d'essuyer ses affaires, et y renonçant tout d'un coup.

Ma bourse... et mon mouchoir... et mon tirebouchon... (Furieux.) Bonsoir!

Il sort.

SCÈNE II

JEANNE, CATHERINE, CLÉMENTINE.

CLÉMENTINE.

Je me demande toujours pourquoi mon père garde un commis aussi extraordinaire, il est sourd, toujours de mauvaise humeur... (A Catherine qui a commencé à manger la soupe.) C'est bon?

CATHERINE.

Je crois bien. Remerciez pour moi madame votre mère, je vous en prie, mademoiselle.

CLÉMENTINE.

Je m'en garderai bien. Papa et maman sont en-
têtés ; ils n'ont pas oublié cette scène avec votre fils.
Donc, ne dites rien à personne, pour que je ne sois
pas grondée. Jeanne, veux-tu venir avec moi un instant voir la mer? Jamais elle n'a été aussi haute !

CATHERINE, à Jeanne.

Non, ne me quitte pas, en ce moment Ce n'est pas
un temps pour aller sur la plage... (On entend un cra-
quement ; elle sursaute.) Hein?

JEANNE.

Qu'est-ce que c'est que ça?

CLÉMENTINE.

C'est quelque chose qui vient de se casser.

SCÈNE III

Les Mêmes, JACQUES.

JACQUES, entrant.

Dieu me pardonne, un peu plus j'étais assommé !

JEANNE.

Tu t'es fait mal?

JACQUES.

J'ai reçu dans le derrière un coup qui n'était pas
ordinaire, il est heureux que je n'aie pas la tête là...
L'arbre à côté de l'étable à cochons vient d'être
cassé en deux, comme un brin de paille.

CATHERINE.

Et il s'est abattu sur le toit?

JACQUES.

Je crois bien que oui.

CATHERINE.

Pourvu que tout ne soit pas écroulé; les poutres
sont si vieilles!

JEANNE.

Mais non, ma tante!... Elle met toujours les choses au pis!... Oncle Jacques, comment se fait-il que
tu courres par les chemins, à cette heure, par un
temps pareil?

JACQUES.

J'ai été chercher le médecin pour Denisot.

CLÉMENTINE.

Il est malade, le vieux Denisot?

JACQUES.

Dame, c'est l'âge, vous savez! Il est tombé tout
d'un coup; il ne garde rien; il vient de rendre les
fêves au lard de ce soir, sauf votre respect...

CLÉMENTINE.

Comment, on donne des fêves et du lard à un pauvre vieillard malade?

JACQUES.

Non, si vous croyez que la directrice va lui faire
rôtir un poulet! Elle est déjà furieuse parce qu'elle
doit lui cuire un œuf tous les matins... Cet après-
midi, il s'est mis à radoter, il parlait de tendre les
filets et de lâcher la corde de balise. Ça, c'est la fin,
« que je dis à la directrice; il faudrait aller chercher
le médecin. » Mêle-toi donc de tes affaires, qu'elle me
répond : est-ce toi ou moi, qui commande? Mais
tout à l'heure, elle dit : « Il vaudrait peut-être mieux,
tout de même, aller le chercher, le médecin. Comme

si on n'aurait pas pu faire ça cet après-midi ! J'arrive
chez le docteur, il paraît qu'il est en voyage. Je
viens de chez Simon pour qu'il me conduise à la
ville avec la charrette à chiens.

JEANNE.

Il doit te prendre ici, Simon ?

CLÉMENTINE.

Simon, l'ivrogne ? Si c'est lui qui te conduit, tu
risques fort de rouler dans un fossé.

JACQUES.

Non, ce soir, il n'a pas bu.

JEANNE.

Ah bien, il faut faire une croix à la cheminée. Et
vous allez ramener le médecin dans une charrette à
chiens ? Ah, ah, ah, ah !

JACQUES.

Pourquoi pas, s'il le veut bien ?... Veux-tu que je
te dise, moi ?... Quel vent ! commé ça souffle, bon
Dieu !... Tout à l'heure, les tuiles vont dégringoler du
toit...

JEANNE.

Tu disais ?

JACQUES.

Ah, oui. Je disais qu'il a de la chance, Denisot,
d'avoir perdu connaissance, lui qui avait si peur de
la mort.

CLÉMENTINE.

Comme tout le monde.

JACQUES, d'un ton où il tâche de mettre quelque profondeur.

Comme tout le monde ? Ça dépend, mademoiselle.
Quand ça sera mon tour à moi, demain, peut-être,

je me dirai : notre tour à tous viendra, bien malin
qui y échapperait, Dieu nous a donné la vie, Dieu
nous la reprend. Réfléchissez bien, et ne riez pas.
Dieu nous prend et nous, nous prenons les poissons...
Le cinquième jour, il créa les êtres dont fourmillent
les eaux de la mer et leur dit : Croissez et multipliez ;
et il les bénit. Ainsi fut le soir, ainsi fut le matin,
et ce fut le cinquième jour... Et le sixième jour, il
créa l'homme et lui dit : Croissez et multipliez, et il
le bénit. Ainsi fut le soir, ainsi fut le matin ; et ce
fut le sixième jour. Non, il ne faut pas rire, ça n'a-
vance à rien, il faut réfléchir. Quand j'étais en mer,
pour la pêche au hareng, quelquefois, je n'osais ni
caquer, ni découper, car, lorsque, du pouce vous
écartez vers la gauche une tête de hareng, et que votre couteau de caqueur ôte les ouïes, la petite bête
vous regarde, avec des yeux si intelligents... Ce qui
n'empêche pas que vous caquez vos deux barils par
heure... et quant à découper des gorges, c'est avec
quatorze cents cabillauds qu'on fait un seul tonneau
de gorges, ça fait donc deux mille huit cents yeux
qui vous regardent, qui ne font rien que vous regarder... rien que vous regarder. Ne me demandez pas
combien de poissons j'ai tués ; il y en avait peu sa-
chant si proprement découper les arêtes et les foies...
Oui, voilà... et ce qu'ils avaient peur ! peur ! Ils re-
gardaient le ciel comme s'ils voulaient dire : Ils
nous a bénis aussi bien que vous. Comment expliquer ça, maintenant ? Moi je dis : nous prenons les
poissons et Dieu nous prend, nous. Notre tour à tous
viendra, pour les bêtes aussi bien que pour les hommes ; et, comme ça viendra pour tous, au fond ça ne
viendra pour personne. C'est comme quand on fait
passer dans un tonneau vide le contenu d'un tonneau

plein. Si je restais seul, dans le tonneau vide, c'est alors que j'aurais peur, mais, du moment qu'on va tous ensemble dans le second tonneau, pourquoi trembler ? Allons donc, avoir peur, c'est vouloir se mettre sur la pointe des pieds pour voir par dessus le bord.

CATHERINE.

Dit-on de pareilles choses quand il fait nuit !... Est-ce que tu as bu ?

JACQUES.

Moi, pas même une tasse de café. (Ecoutant.) Est-ce Simon qui vient ?

CATHERINE, debout entre les deux lits, prêtant l'oreille —
à Jeanne.

Tu vois que j'avais raison. Voilà la pauvre bête qui crie dans l'étable. Je suis sûre que la cloison s'est écroulée !

JEANNE.

Je vais y aller voir alors... N'y va pas, toi !

CATHERINE.

Laisse-moi donc tranquille.

Elle sort.

JEANNE.

Ce qu'elle est entêtée !.. Verse-toi une tasse, oncle Jacques, je vais lui donner un coup de main.

Elle sort.

JACQUES, la pressant pour fermer la porte.

Fais attention au verre de la lampe.

CLÉMENTINE, près de la fenêtre.

Mon Dieu, quel temps !.. (Passant près de la table.) Jacques, c'est moi qui remercierai Dieu, quand la *Bonne Espérance* sera rentrée !

JACQUES.

Que voulez-vous que je vous dise? Cette nuit il n'y a de sûreté pour aucun navire, mais la *Bonne Espérance* est un vieux bateau et ceux-là sont moins en danger que les autres.

CLÉMENTINE.

C'est toi qui le dis.

JACQUES.

Non, tous les marins seront de mon avis... Une tasse de café, mademoiselle?

CLÉMENTINE.

Non, merci. (Regardant autour d'elle.) Je prierai Dieu tout de même, cette nuit...

JACQUES.

C'est très bien à vous, mademoiselle... Mais il n'y a pas que la *Bonne Espérance*; bien d'autres bateaux, la *Jacqueline*, la *Mathilde*, et l'*Attente* sont en mer aussi, pourquoi ne prier que pour un seul?

CLÉMENTINE.

On dit que la *Bonne Espérance* est si... comment dirais-je... si... pourrie...

Elle s'arrête, anxieuse.

JACQUES.

Qui a dit ça?

CLÉMENTINE.

C'est ce que dit... C'est une idée qui m'est venue.

JACQUES.

Maintenant, vous n'êtes pas tout à fait sincère...

CLÉMENTINE.

Tu es poli, toi!

JACQUES.

Si la *Bonne Espérance* était pourrie, est-ce que votre père...

CLÉMENTINE, vivement.

Tais-toi donc, bavard, tu serais capable d'inquiéter tout le monde! (A Catherine qui rentre avec Jeanne.) Fermez vite, mère Catherine, gare à la lampe!

CATHERINE.

J'ai bien fait d'aller voir...

JEANNE.

Le vent avait renversé la cloison.

CATHERINE.

Mes pauvres gars!.. Ce que Bertrand doit avoir peur, par ce temps-là, et si près de rentrer!..

JEANNE.

Du café, mère? Tante, veux-je dire. C'est drôle, je me trompe toujours... Prenez donc une tasse aussi, mademoiselle; la soirée est si longue et si triste!.. Qui est-ce qui frappe?

SCÈNE IV

Les Mêmes, SIMON, MARIETTE.

SIMON.

Bonsoir... Mort de ma vie, quel vent!.. (A Mariette.) As-tu fini de pleurnicher, nom de Dieu!..

CATHERINE.

Qu'est-ce que tu as?

MARIETTE.

Je pense à Michel...

CATHERINE.

Allons, regarde donc Jeanne; elle a aussi un fiancé là-bas; c'est une vraie femme de marin, elle! Voyons, enfant que tu es!. Jeanne, donne-lui une tasse pour la consoler.

MARIETTE.

Voilà presque six semaines qu'ils sont partis!

JACQUES.

Ne crie donc pas avant qu'on ne t'écorche!.. Vous ne connaissez rien à tout ça, vous autres!.. (A Simon.) L'équipage est à la porte?

SIMON.

On serait rudement bien, à rester ici... et si ce n'était par pour Denisot...

JEANNE, lui donnant une tasse.

Tiens, prends ça, Simon, ça te !fera du bien.

SIMON, humant son café.

Sapristi, que c'est chaud!.. C'est la seconde fois que je sors par un temps comme celui-là, avec la charrette 'à chiens. La première fois, c'était pour Marianne qui allait accoucher; deux fois, j'ai versé en route.., et quand le médecin est arrivé, Marianne était morte, l'enfant aussi... Mais à dire vrai, cette nuit, j'aime mieux conduire ma charrette que d'être en mer!..

CATHERINE.

Bien sûr!

JEANNE.

Encore une petite tasse?

SIMON.

Non, ne restons pas là à bavarder. Tu y es, Jacques?

JACQUES.

Oui, mais fais attention aux fondrières... Bonne nuit, tout le monde...

Ils sortent.

SCÈNE V

JEANNE, CATHERINE, CLÉMENTINE, MARIETTE.

JEANNE.

Bon Dieu, n'ayez donc pas toutes l'air si consterné ! Voyons, causons un peu gentiment, ça nous empêchera de penser... à ce que nous avons en tête.

MARIETTE.

Oh, la nuit dernière, il faisait un temps épouvantable !.. Et j'ai fait un si mauvais rêve... un si terrible rêve !..

CLÉMENTINE.

Tout songe est mensonge, petite folle !

MARIETTE.

Au fond, je ne sais même pas bien si c'était un rêve. On a frappé contre les carreaux; une première fois, je suis restée couchée... puis une seconde fois, alors je me suis levée pour aller voir ce que c'était. Il n'y avait personne... Et aussitôt recouchée, j'ai entendu frapper encore, comme ça... (Elle frappe sur la table.) et alors, j'ai vu la figure de Michel, pâle

comme... Oh, mon Dieu! quand j'y pense... Et il n'y
avait personne... rien... rien, que le vent...

CATHERINE, dans une mortelle angoisse.

On a frappé trois fois?

MARIETTE.

Oui... (Frappant de nouveau.) et comme ça... toujours
comme ça.

JEANNE.

Que tu es bête de faire peur à notre pauvre vieille,
avec tes histoires de...

On frappe au dehors. — Terreur générale. — Un temps.
— Gertrude entre.

SCÈNE VI

LES MÊMES, SARAH, GERTRUDE.

SARAH, entrant.

Comme vous avez toutes l'air consterné!.. Bonsoir,
mes enfants.

GERTRUDE.

On peut entrer, un instant?

JEANNE.

Dieu merci, vous avez bien fait de venir!

SARAH.

Quel [sale temps! J'ai les oreilles et le cou pleins
de sable... Et il fait un froid!.. Tu ne pourrais pas
remettre une bûche?

GERTRUDE.

Moi, je n'y tenais plus, à la maison, les enfants

sont couchés, personne à qui parler, et le vent hurle.
Deux *Duc d'Albe* ont été emportés.

CATHERINE, reprisant un bas.

Deux *Duc d'Albe*!

SARAH.

Ah, parlons d'autre chose.

JEANNE.

Vous avez raison. A quoi ça nous avance-t-il, de...
Du sucre et du lait?.. Oui?..

SARAH.

Voilà une question; est-ce qu'on boit du café sans
sucre?

JEANNE.

Gérard n'en prenait jamais.

Moment de silence.

CLÉMENTINE.

Ton petit garçon s'est bravement comporté, Gertrude. Je le vois encore, agitant son mouchoir...

GERTRUDE,tricotant.

C'est un amour, ce petit-là; et il a douze ans, à
peine. Il fallait le voir, il y a deux mois, quand la
Marie est rentrée sans André; il s'est conduit comme
un ange, on aurait dit un homme fait! Le soir, il ne
me quittait pas; si vous l'aviez entendu... ce garçon-
là en sait plus long que moi... Pourvu que le pauvre
gars n'ait pas eu trop à souffrir du mal de mer...

SARAH, tricotant.

Tu me croiras si tu veux, mais il n'y a rien comme
des lunettes rouges, pour préserver du mal de mer.

JEANNE, raccommodant un pantalon de flanelle.

Ah, ah, ah! Tu en as essayé, toi? Elle est comme

les médecins qui font avaler aux autres les remèdes qu'ils n'ont jamais pris.

SARAH.

J'ai passé plus d'une nuit à bord, du vivant de mon mari, et je l'ai suivi dans pas mal de voyages.

JEANNE.

J'aurais bien voulu te voir, coiffée d'un suroît et enveloppée d'un imperméable !

CLÉMENTINE.

Tu as eu un mari, toi, Sarah?

SARAH.

Mademoiselle me flatte! Mais j'ai été jolie, et bien faite, entendez-vous, jeunes filles? Si j'ai été mariée? Je vous crois... C'était un brave homme, le meilleur homme du monde, mais quand on le contrariait, — sans vouloir en dire du mal — il ne se connaissait plus, il brisait tout! J'ai encore une cafetière dont il a cassé l'anse dans un accès de colère, et je ne la donnerais pas pour un écu.

CLÉMENTINE.

Sois tranquille, je ne t'en offre pas même un florin. Ah, ah, ah, ah!

JEANNE.

Elle parle bien, vous savez, mademoiselle. Sarah, conte-nous ce qu'il t'est arrivé avec l'huile de ricin.

SARAH.

Oui, sans l'huile de ricin, je ne serais pas veuve.

CLÉMENTINE.

Qu'est-ce qu'elle dit?

JEANNE.

Ecoutez-la. (Prenant la tasse de Sarah.) Tu as fini?

SARAH.

Sûrement, je commence à étouffer... Qu'est-ce que vous avez, mère Catherine?... C'est le vent... Eh bien, mon mari était un original qui n'avait pas son pareil. Par exemple, vous lui achetiez un couteau de poche dans une gaîne de cuir — et un bon prix, on peut le dire — et quand, cinq semaines après, il revenait du voyage, vous lui demandiez : « Jean, qu'as-tu fait de mon couteau? » — il vous répondait: « Quel couteau? Tu ne m'en as jamais donné? » Voilà comment il se rappelait les choses. Mais quand il se déshabillait — pour la première fois depuis cinq semaines, et qu'il ôtait ses bottes impérméables, clac, le couteau en tombait. Pendant tout ce temps-là, il n'avait rien senti!

CLÉMENTINE.

Garder ses chaussures pendant cinq semaines!

SARAH.

Oui, mademoiselle. Alors, il fallait le nettoyer avec du savon et du carbonate; il n'avait pas usé une goutte d'eau pour se laver, et il était rongé de vermine.

CLÉMENTINE.

Quelle horreur!

SARAH.

Je vendrais bien, un cens la douzaine, tous les poux qu'il y a à bord; c'est ce qu'on donne aux marins comme gratification... Ah, ah, ah!... Eh bien, pendant son avant-dernier voyage sur l'*Aventure*, une lame le jette sur le bastingage, juste au moment où l'on hissait la voile d'artimon, et il se casse une jambe. Les voilà tous bien embarrassés; le patron savait poser des cataplasmes et couper des cors, mais pour ce qui est de remettre un membre cassé, il n'y connaissait rien. Il proposit d'attacher la jambe sur une planche, mais Jean s'y refusait; il voulait de l'huile de ricin, encore et toujours de l'huile de ricin; c'est tout ce qu'il connaissait comme remède. Si bien que la gangrène est venue et qu'en arrivant il était dans un état!... Je le vois encore!... Il a fallu l'amputer... (A Jeanne.) Tiens, tu n'aurais pas dû me faire raconter ça!

JEANNE.

Mais, dernièrement, tu en riais, toi-même!

SARAH.

C'est vrai, mais... Enfin, ceux qui sont morts sont morts... Et, après tout ça, je ne peux pas me remarier; c'est une mauvaise farce!

CLÉMENTINE.

Pourquoi? Qui t'en empêche?

SARAH.

Qui? Mais ceux qui ont fabriqué ces lois stupides! Un an après cette histoire-là, l'*Aventure* périt corps et bien. Alors, nom d'un chien, je me figure qu'une fois mon homme mort — avec sa moitié de patte, il avait voulu encore s'embarquer — je pourrais en épouser un autre. Eh bien, pas du tout; on n'a pas retrouvé le corps, comme de juste, alors on n'a pu établir l'acte de décès et il faut que je mette, dans les journaux, une annonce, afin qu'il puisse dire où il est, s'il vit encore, puis une seconde, et si, à la troisième, il n'a pas reparu, alors seulement, je pourrai repasser devant M. le bourgmestre.

CLÉMENTINE.

Eh bien, mais, je ne vois pas en quoi l'huile de ricin...

SARAH

Comprenez donc, mademoiselle, que, si Jean n'avait pas eu la gangrène, grâce à cette sale drogue, on ne lui aurait pas coupé la jamhe; il se serait embarqué de suite sur un autre bateau, l'*Avenir* ou la *Mathilde,* par exemple, et il n'aurait pas fait naufrage avec l'*Aventure.*

GERTRUDE, tricotant, d'une voix traînante.

Moi, je ne crois pas que je me remarierai jamais.

SARAH.

Ça n'est pas étonnant; toi, tu as déjà été mariée deux fois... si alors tu ne connaissais pas les hommes...

GERTRUDE.

Je voudrais bien pouvoir parler de tout ça comme toi, mais j'ai passé par tant d'angoisses... avec mon premier mari, j'ai été une martyre, quant au second, vous savez ce qui est arrivé...

CLÉMENTINE.

Raconte, Gertrude; je resterais volontiers des nuits entières à écouter des histoires de la mer...

CATHERINE, frissonnant.

Non, pas de récits de mort et de misère !

SARAH.

Bon Dieu, quelle pleurnicheuse ! Va toujours, Gertrude, (A Catherine.) et toi, verse-nous encore une tasse; tu devrais t'appeler Chagrine, au lieu de Catherine !

GERTRUDE, tricotant toujours, et d'une voix blanche.

Ça peut vous arriver ici aussi, mère Catherine. J'habitais alors Vlaardingen, et j'étais mariée depuis un an, sans avoir encore eu d'enfants — mon Pierre

est le fils d'un premier mariage d'André — lorsque
mon mari part avec la *Métamorphose*... — oui, c'était
bien la *Métamorphose*, — à la pêche au hareng. Tout
ça n'est rien encore, et vous allez voir le reste qui
est cause que j'ai connu André et que j'habite près
de vous. La *Métamorphose* est restée aux Sables, ou
ailleurs ; mais alors, je ne le savais pas, et je n'y
pensais même pas...

JEANNE, effrayée.

Chut!... Ecoute!...

SARAH.

C'est le vent. Continue, Gertrude.

GERTRUDE.

Il faut vous dire qu'à Vlaardingen, il y a un phare,
avec un gardien...

MARIETTE, tricotant.

Comme à Maassluis...

GERTRUDE.

Ce gardien hisse une boule rouge, quand il aper-
çoit au loin, soit un lougre, soit une goëlette, soit un
autre bateau, et s'il le reconnaît, — c'est presque un
miracle, de reconnaître ainsi les vaisseaux, à un mât,
au gréement, à la couleur, aux voiles, à n'importe
quoi — s'il le reconnaît, donc, il descend la boule,
court chez l'armateur, chez les parents et les prévient
de l'arrivée du bateau, mettons de l'*Albert Coster* ou
de la *Faveur*. C'est d'ailleurs inutile de prévenir les
parents, car, aussitôt la boule hissée, les enfants
crient par toutes les rues : « A la Boule, à la Boule »
— comme moi-même, je le faisais dans ma jeunesse,
et les femmes vont au phare, attendre en bas l'arrivée du gardien, à qui elles donnent des cens, quand
il annonce un bateau qui les intéresse.

CLÉMENTINE.

Alors?

GERTRUDE, regardant fixement dans l'âtre.

Et alors... alors... la *Métamorphose*, avec mon premier mari... — Je vous ai dit qu'il y avait un an que j'étais mariée?... — La *Métamorphose* était depuis sept semaines en mer, et pourtant, ils n'avaient des vivres que pour six. A chaque instant, les enfants criaient : « A la Boule, Gertrude! A la Boule, Gertrude! » Et, comme une folle, je courais au phare. Personne ne tournait la tête dans la rue, on savait bien pourquoi je courais ainsi. Quand le gardien descendait, on aurait voulu lui arracher les mots de la bouche; moi je lui demandais seulement, pleine d'angoisse : « A-t-on des nouvelles de la *Métamorphose*?... Alors, il répondait : « Non, c'est la *Vierge-Marie* qui rentre, ou bien la *Vigilance*, ou la *Concorde*, » — et je me traînais lentement à la maison... lentement... et je pleurais, en pensant à mon mari... mon mari!... (Un temps.) Chaque jour, quand j'entendais le cri des gamins, c'était la même secousse dans ma pauvre tête; et chaque jour j'allais au pied du phare, priant Dieu... Mais elle ne venait pas, la *Métamorphose*, elle ne venait pas, et je finissais par ne plus oser aller au phare, quand on hissait la Boule rouge, par ne plus oser attendre devant la porte, pour voir si, par hasard, le gardien ne viendrait pas lui-même m'apporter une bonne nouvelle... Deux mois se sont passés ainsi, deux mois, et alors... alors il a bien fallu y croire... On le paie cher, le poisson!...

CLÉMENTINE, après un court silence, de fin de récit.

... Et André? Que s'est-il passé, avec André?

GERTRUDE.

André?

JEANNE.

Mais... il y a si peu de temps que c'est arrivé...

GERTRUDE, d'un ton tranquille.

Ah, ma fille, on voudrait le raconter à tout le monde et à chaque heure du jour! Quand on est restée avec six enfants et un si brave homme! Avec lui, jamais de querelles!.. En deux heures, son affaire était faite : un coup de cabestan... il n'a plus dit un mot!... Si c'était arrivé six jours plus tard, on me l'aurait rapporté; nous aurions pu l'enterrer ici; mais les requins se pressaient déjà autour du bateau — ils sentent la mort, eux!...

CATHERINE

C'est vrai, on ne les voit que dans ces moments-là.

GERTRUDE, avec résignation.

Bien sûr, vous n'épouserez pas un pêcheur, mademoiselle, mais il faut que vous sachiez combien il est triste de penser qu'on attache sur une planche ce qui vous a été si cher, une toile cirée autour du corps, une pierre dedans, puis trois fois le tour du grand mât, et puis une... deux... trois... A la grâce de Dieu!... On le paie cher, le poisson!...

Elle sanglote doucement.

JEANNE, se levant et l'embrassant.

Allons, Gertrude!..

SARAH.

Verse-lui une tasse encore. (A Mariette.) Tu pleures aussi, toi!... Elle ne pense qu'à Michel, celle-là !

MARIETTE, essuyant ses yeux.

Non, c'est à mon petit frère que je pensais... lui aussi est mort, et...

JEANNE, nerveusement.

On dirait qu'on prend plaisir ici à ne parler que de...

CLÉMENTINE, à Mariette.

C'était à la pêche aux harengs, n'est-ce pas?

MARIETTE, se remettant à tricoter.

A son deuxième voyage, un coup du foc... En un rien de temps, il est tombé par dessus bord. Il filait le câble. Le patron lui tend une pelle au hareng, il la saisit, mais la pelle n'avait pas assez de prise, elle lui glisse des mains; alors, Jérusalem, le second lui tend le balai qu'il saisit encore. Ils étaient trois pour le tirer, mais le balai se démanche et le voilà qui retombe. Pour la troisième fois, le patron lui envoie une ligne... — mais Dieu le voulait, pauvre petit frère! — la ligne se casse et le malheureux disparaît dans les vagues...

CLÉMENTINE.

Ça, c'est affreux! Trois fois sur le point d'être sauvé!...

MARIETTE.

Et c'est comme s'il avait eu un pressentiment... Toute la nuit, nous a dit le patron, il a pleuré dans son lit, parce que mère était malade, au moment de son départ; et comme le patron voulait le consoler, l'enfant lui a répondu : « Non, non, la mère peut guérir, moi j'ai mangé aujourd'hui mon dernier hareng... » C'est ça qui a poussé mon père à boire!...

CLÉMENTINE, doucement.

Voyons, Mariette...

MARIETTE.

C'est comme je vous le dis; mademoiselle; quand

le père est revenu de chez Pierron avec la part qui revenait au petit Antoine comme fileur de câbles, dix-huit florins, trente-cinq cens, — les gages de cinq semaines, non, de cinq semaines et demie — il était comme un fou, il jetait l'argent par terre, il jurait à faire sortir les diables de l'enfer, et moi — j'avais quatorze ans, alors — je ramassais les cens en pleurant ; cet argent-là pouvait nous être utile ; la maladie et l'enterrement de la mère nous avaient coûté les yeux de la tête, et puis... ça ne se retrouve pas si facilement, dix-huit florins...

JEANNE, amère.

Dix-huit florins pour votre enfant !... (Avec terreur, prêtant l'oreille aux mugissements du vent.) Ecoute un peu !..

SARAH.

Il n'y a rien, allons ! Comme tu es peureuse, ce soir !

JEANNE.

Peureuse, moi ! Ah, ah, ah ! Moi, peureuse !

CATHERINE, comme à elle-même.

C'est vrai, si la mer pouvait parler !...

CLÉMENTINE.

Mère Catherine, vous devez en savoir long sur la vie des marins.

CATHERINE.

Vous voulez que je vous raconte la vie des marins ? Mais ça n'est pas un conte, c'est bien la réalité ! Une planche d'un pouce d'épaisseur les sépare de la mort. C'est une vie bien dure, pour les hommes, et pour les femmes ! Hier, je passais contre la maison du bourgmestre ; on allait dîner, et devant de l'aigle fin qui fumait, les enfants priaient. les mains jointes. Alors,

je songeais — c'était bête peut-être, mais que Dieu
me pardonne si j'ai eu tort — je songeais que ce n'é-
tait pas bien au bourgmestre, ni aux autres, d'ailleurs, pendant que le vent soufflait si fort, d'avoir
du poisson sur leur table. Car... comment dirai-je ?..
Si les poissons servent à notre nourriture, nos morts
servent à la leur, et... alors... enfin, vous me comprenez !... (Un silence.) C'était absurde de penser à de
pareilles sottises; c'est notre gagne-pain et nous devons
l'accepter tel qu'il est.

GERTRUDE.

En voilà une qui a tâté de tout !

CATHERINE, reprisant toujours.

Mon mari était un vrai pêcheur, s'il y en avait un.
Quand on jetait la sonde, il s'orientait rien qu'au
goût du sable. La nuit, il disait souvent : « Nous
sommes au 56ᵉ mille », et il ne se trompait jamais.
Comme matelot, que d'accidents n'a-t-il pas eus! Il
lui est arrivé d'errer sur la mer, dans le canot, deux
nuits et deux jours entiers, avec trois camarades; ils
étaient allés retirer les filets, et le brouillard était si
épais qu'on ne pouvait plus distinguer un flotteur et
qu'il était impossible de retourner au lougre. Deux
jours et deux nuits, sans manger ni boire. Et plus
tard, quand le bateau avait fait naufrage; il fallait
l'entendre raconter ça !... Voilà qu'il atteint à la nage,
avec le vieux Thierry, un canot à rames chaviré; il
monte dessus. « Je n'oublierai jamais cette nuit-là »,
disait-il souvent. — La barque n'offrait aucune prise
au pauvre Thierry, trop vieux et trop fatigué. Alors,
mon mari enfonce son couteau dans le bordage et
voilà que Thierry, qui allait être emporté et essayait
de se cramponner, se coupe trois doigts avec le tran-
chant du couteau. — Oui, oui, tout ça est arrivé — et

alors, mon mari au risque de sa propre vie, l'a tiré de l'eau, et les voilà tous les deux dans le canot. Ils ont été à la dérive toute la nuit, mais soit par la peur, soit par suite de la perte de son sang, Thierry était devenu fou. Il regardait mon mari, avec des yeux hagards, il se croyait possédé du diable; son sang coulait toujours et les vagues n'arrivaient pas à l'enlever. Vers le matin, il est mort; quelque temps après, un paquebot recueillait mon mari. C'est égal, trois ans après — il y en a douze maintenant, — le bateau à qui M. Lebois avait donné votre nom, la *Clémentine*, est restée aux Sables avec mes deux aînés. Jamais on n'a su ce qu'il leur était arrivé; rien n'a été jeté à la côte, ni un panneau, ni même un flotteur, pas une épave! D'abord on ne peut pas croire au malheur qui vous arrive, et puis, peu à peu, on ne se rappelle même plus très bien les visages de ceux qu'on a perdus et on en rend grâce à Dieu. Quel martyre, si on ne cessait pas un peu de se souvenir! Maintenant, j'ai fait mon récit, chaque femme de marin pourrait en faire un semblable, ce n'est pas du nouveau. Gertrude a raison, on le paie cher, le poisson!... Vous pleurez, mademoiselle?

CLÉMENTINE, avec éclat.

Mon Dieu! pourvu qu'il n'y ait pas de naufrage, cette nuit!

CATHERINE.

Nous sommes tous dans la main de Dieu, et Dieu est grand et bon!..

JEANNE, avec une exaspération sauvage.

Des naufrages! et encore des naufrages! L'une gémit, l'autre pleure!.. J'aurais mieux aimé rester toute seule, ce soir! (se frappant la tête de ses poings.) Vous me rendez folle! folle! folle!

CLÉMENTINE, étonnée.

Qu'as-tu donc, Jeanne ?

JEANNE, éperdue.

Le mari de l'une, le petit frère de l'autre, et mon
pauvre oncle, toutes ces affreuses histoires !.. Au lieu
de chercher à vous égayer !... Demandez-moi donc
aussi de vous en dire une ! (Riant.) Mon père s'est
noyé, noyé, entendez-vous, noyé ! Il y en a bien d'autres, qui se sont noyés ! Et vous n'êtes que des misérables ! Vous êtes...

Elle sort en faisant claquer la porte avec violence.

SCÈNE VII

LES MÊMES, moins JEANNE.

GERTRUDE, anxieuse.

Je crois qu'elle a eu peur.

MARIETTE.

Si j'allais la retrouver ?..

CATHERINE.

Non, mon enfant, une fois dehors, elle se calmera...
elle est agitée... le moment du retour approche...
Vous partez déjà, mademoiselle ?

CLÉMENTINE.

Il se fait tard, mère Catherine ; et puis, votre nièce,
à vrai dire, n'a pas été très polie pour moi, mais je
ne lui en veux pas. Qui veut me reconduire ?

SARAH.

Allons-nous en toutes ensemble, nous nous soutien-
drons. Au revoir, mère Catherine.

MARIETTE, *tristement.*

Au revoir, tante Catherine.

CATHERINE.

Je vous remercie bien encore, mademoiselle, pour la soupe et les œufs...

GERTRUDE.

Est-ce qu'on vient prendre le café chez moi, demain soir?.. Voyons, est-ce convenu?

CATHERINE.

Nous verrons. Au revoir, Sarah. Si vous voyez Jeanne, envoyez-la moi, s'il vous plaît.

Elle range les tasses. Le vent hurle frénétiquement autour de la maison. Anxieuse, elle écoute, à la fenêtre, approche sa chaise de la cheminée, regarde longuement la flamme, et commence à dire son chapelet, sans parler, avec un léger mouvement des lèvres.

SCÈNE VIII

CATHERINE, JEANNE.

Jeanne entre, se laisse tomber sur une chaise, près de la fenêtre, et défait son fichu avec un tremblement nerveux.

CATHERINE.

Tu as raison de te coucher, tu es malade, ce soir! Quelle sortie tu as faite! Et cette gentille enfant avait bravé le temps pour m'apporter des œufs et de la soupe...

JEANNE, *durement.*

Est-ce que tes fils, en ce moment, ne bravent pas le temps, pour elle et pour son père?

CATHERINE.

Et pour nous !..

JEANNE.

Et pour nous... (Un silence.) La mer est tellement démontée...

CATHERINE, vivement.

Tu as été sur la plage !

JEANNE, avec angoisse.

Le vent m'a empêché d'avancer; la moitié de la digue a été emportée; le môle est submergé... (Un silence — Catherine prie.) Mon Dieu, je suis brisée... toutes ces abominables histoires ?..

CATHERINE.

Je ne te reconnais plus, ce soir. Tu n'as jamais été ainsi, quand Gérard était dans la marine de l'Etat. Couche-toi et prie, rien ne vaut la prière, vois-tu ! Il faut qu'une femme de marin ait de l'énergie... Dans quelques mois, il y aura de nouvelles tempêtes... et il n'y a pas que nos gars, en mer, en ce moment...

Sa voix baisse peu à peu ; elle finit par murmurer une
prière, tandis que les vieux doigts égrènent le chapelet.

JEANNE.

Pauvre Bertrand, nous l'avons presque chassé; jusqu'au dernier moment, je l'ai injurié...

Voyant que Catherine prie, elle va à la fenêtre, lève le ri-
deau, d'une main craintive et regarde au dehors, puis
elle ouvre, avec précaution, un des battants. Le vent
fait claquer le rideau, la lampe vacille, puis s'éteint
tout à coup. Elle referme rapidement la fenêtre.

CATHERINE, avec violence, folle de peur.

Mais c'est de la folie ! Va-t'en de la fenêtre, malheureuse !

JEANNE, gémissant.

Oh... oh... oh !..

CATHERINE, avec une angoisse croissante.

Tais-toi ! Cherche les allumettes ! Dépêche-toi un peu !.. A côté de la boîte à savon... (Un silence.) Tu les as ?.. Ça m'a donné froid, tout simplement...

JEANNE, d'une voix étouffée.

J'ai peur !...

CATHERINE, la gorge serrée.

Il ne faut pas avoir peur.

Jeanne rallume la lampe.

JEANNE.

S'il arrive un malheur, je... je...

CATHERINE.

Voyons, sois raisonnable, déshabille-toi.

JEANNE.

Non, je veux rester là toute la nuit.

CATHERINE.

Je me demande vraiment comment tu feras, quand tu seras mariée, quand tu seras mère...

JEANNE, avec passion.

Quand je serai mère... Et sais-tu si je ne vais pas bientôt l'être !... Gérard et moi... (Elle s'arrête haletante.) Je n'ai pas osé te le dire... (Elle se met aux genoux de Catherine.) Nous devions nous marier, et...

CATHERINE.

Vous en êtes là, tous les deux !... (Jeanne sanglote avec violence.) Ce n'est pas gentil à toi, d'avoir des secrets pour moi — ton fiancé, ton mari, c'est mon fils. (Un silence. — Grand coup de vent.) Voyons, regarde-moi, ne pleure plus. Je ne te ferai pas de reproches,

8

quoique vous ayez eu tort, toi et lui. Viens en face de moi et nous allons prier toutes les deux.

Elle prend son livre de messe sur la table.

JEANNE, avec désespoir.

Je ne veux pas prier.

CATHERINE.

Tu ne veux pas...

JEANNE, violemment.

S'il arrive quelque chose...

CATHERINE, vivement.

Il n'arrivera rien !

JEANNE, hors d'elle.

S'il... s'il arrive... que... je ne prierai plus, jamais, plus jamais ! Alors c'est qu'il n'y a pas de Dieu, pas de Vierge Marie, alors il n'y a plus rien !.. plus rien !

CATHERINE, avec angoisse.

Ne parle pas ainsi, Jeanne !

JEANNE.

Le triste avantage d'avoir un enfant, quand on n'a plus de mari !

CATHERINE, doucement.

Est-ce à toi de le dire ?

JEANNE, frappant sa tête contre la table.

Ce vent me rend folle, tante !

CATHERINE, ouvre le paroissien, pose sa main doucement sur le bras de Jeanne qui lève la tête avec de nouveaux sanglots, voit le livre, dit non d'un geste violent et se laisse retomber sur la table en gémissant. La voix de Catherine angoissée et tremblante monte seule dans le silence.

O Dieu clément, je mets en toi ma confiance et mon espoir...

Le vent hurle en rafales sauvages autour de la maison.

Rideau.

ACTE QUATRIÈME

Un bureau très ancien, meublé à la mode antique. A gauche, au premier plan, une porte isolée par une balustrade de bois ; entre la porte et la balustrade, deux bancs. Au troisième plan, une vieille armoire. Au fond, trois fenêtres donnant sur la mer ensoleillée. Devant la fenêtre du milieu, un pupitre. A droite, au premier plan, une table-bureau, avec téléphone, au deuxième plan, un coffre-fort, au troisième plan, une porte. Aux murs, des affiches imprimées, de la direction des épaves et ventes publiques ; cartes géographiques. Au milieu, un poêle en fonte.

SCÈNE PREMIÈRE

LEBOIS, MATHILDE, CAPSE.

MATHILDE, entrant, à Lebois.

Clément...

CAPSE, lisant, la pipe à la bouche.

... Les épaves suivantes, savoir : 24 côtes, marquées « K, V, S, TA, » dix écoutes marquées M. S. G...

MATHILDE.

Arrête-toi un instant, Capse...

CAPSE.

... Quatre bancs de pont, deux boute-hors, cinq petites voiles...

MATHILDE, lui frappant légèrement sur le bras et élevant la voix.

Tu continueras, tout à l'heure.

CAPSE.

Comme il vous plaira, madame.

LEBOIS, avec impatience.

Je n'ai pas le temps maintenant...

MATHILDE, l'interrompant.

C'est très urgent; j'ai rédigé la circulaire pour l'horloge du clocher. Demande la communication avec le bourgmestre.

LEBOIS, sonnant avec impatience.

Dépêchons-nous alors .. Allô! Allô!... M. le bourgmestre... (A Mathilde.) Le diable emporte ton horloge, je ne sais où donner de la tête, tant j'ai de besogne en ce moment... (On sonne au téléphone, Lebois prend les récepteurs. Sur un ton très aimable et souriant instinctivement.) C'est vous, monsieur le bourgmestre... Vous allez bien?... Moi aussi, merci... Ma chère femme...

MATHILDE.

Demande si l'on peut parler à madame, au sujet de la circulaire.

LEBOIS, avec humeur.

Oui, oui! Pas tant d'histoires!... (Au téléphone, très aimable.) Madame pourrait-elle venir, un instant, à l'appareil?... Oui... En effet, monsieur le bourgmestre, ces dames... ah, ah, ah! C'est une excellente plaisanterie!... (A Mathilde, grincheux.) Eh bien, qu'est-ce qu'il faut dire? Allons, dépêche-toi!

MATHILDE.

Voilà la circulaire, tu n'as qu'à la lire, afin que je puisse l'envoyer à l'imprimerie ensuite.

LEBOIS, furieux.

En voilà une tartine! Tu es folle! Tu crois donc que je n'ai que ça en tête! Cette sacrée...

MATHILDE, l'interrompant.

Tais-toi, Capse est là.

LEBOIS, de même.

Va-t'en au diable!... (Au téléphone, très gracieux.) Oui madame... Bonjour, madame. Ma chère femme... Non, elle ne peut venir elle-même à l'appareil, elle ne sait pas téléphoner... (Avec humeur, à Mathilde.) Où est ton chiffon de papier? Donne vite. (Au téléphone, reprenant le ton gracieux.) Ma femme vient de rédiger la circulaire pour l'horloge du clocher ; vous écoutez, n'est-ce pas?... Le monogramme, M. M... Allô! Vous dites?... Vous préférez L. S?... Oui, oui... c'est juste... Vous écoutez?... (Il lit la circulaire sur le téléphone.) « Vous connaissez, sans doute, la Nouvelle Eglise... » (Se retirant du téléphone.) Elle répond : « Certainement, » cette imbécile!... (Au téléphone.) C'est la circulaire, que je vous lis, madame... Je recommence. « Vous connaissez sans doute, la Nouvelle » Eglise; cette église vous le savez, a un haut clo-» cher: ce clocher nous montre le Ciel, chose utile, » et rien moins que superflue, pour les enfants de » notre génération... »

MATHILDE.

Lis donc plus distinctement.

LEBOIS, sans quitter le téléphone, par distraction.

Fiche-moi la paix, toi!... Oh, mille pardons, ma-

dame, je parlais à mon commis .. oui, oui... ah, ah, ah!... Je continue. (Il reprend sa lecture.) « Mais ce clo-
» cher pourrait faire davantage, quelque chose de
» bon et d'utile, à la fois ; il pourrait nous indiquer
» l'heure, à nous, enfants d'une heure. Or c'est ce
» qu'il ne fait pas. Depuis 1882, il est là sans répon-
» dre à la question : « Quelle heure est-il? » — C'est
» ce qu'il devrait faire pourtant ; je dirai plus, c'est
» à cela qu'il a été destiné. On y remarque quatre
» emplacements réservés aux cadrans. La population
» des environs du clocher... » (s'interrompant.) Vous
dites?... Rien?... Je vous demande pardon... je continue... (Il lit.) « des environs du clocher, a exprimé,
» de toutes les façons, et depuis plusieurs années, le
» désir d'avoir une horloge. Il nous faut environ trois
» mille florins. Qui veut contribuer à cette bonne
» œuvre ? » Signé : « Le Comité... » (Il repose le papier
sur son bureau.) Madame?... Vous dites?... Vous connaissez tous les noms du Comité, cela va sans dire...
N'est-ce pas, la rédaction est excellente, ex-cel-len-te...
Oui... oui... certainement, toutes ces dames du Comité
souscrivent la même somme... Cent florins, cha-
cune?... Bien... bien... très bien... Oui, ma femme
reste à la maison... Au revoir, madame! (Il presse
furieusement le bouton, pour interrompre la communication.
— Avec éclat.) Voilà une sacrée folie! Cent florins de
fichus! Est-ce que ça le regarde, qu'il y ait ou non
une horloge, à ce maudit clocher?

MATHILDE.

Si tu crois que j'écoute ce que tu me dis!

LEBOIS.

Dans un quart d'heure, elle sera ici, avec sa voi-
ture. (Il se remet au travail.) Allons, au revoir.

MATHILDE.

Au revoir ! Si, le soir, tu prenais un peu moins de grogs, tu serais de moins méchante humeur, le matin. Donne-moi cinq florins.

LEBOIS.

Jamais de la vie ! Par exemple ! Ce matin, tu m'as encore pris deux florins et demi dans mon porte-monnaie, pendant que je dormais.

MATHILDE.

Moi ! Deux florins et demi ! Ça n'est pas vrai ! J'en ai pris un, tout juste ! Quel homme, il compte son argent avant de se coucher !

LEBOIS.

Au revoir, au revoir !

MATHILDE.

C'est bon, garde-le, ton argent ! Tout à l'heure, je vais régaler la femme du bourgmestre, d'un petit verre de genièvre ; nous en avons trois cruchons à la maison, mais pas seulement une bouteille de porto ou de sherry ! (Lebois jette avec colère deux rixdales sur la table.) Dis donc, est-ce que tu me prends pour ta bonne ! Sans moi, tu n'aurais pas de l'argent à jeter par poignées ! C'est honteux !...

Elle sort, furieuse.

SCÈNE II

LEBOIS, CAPSE.

CAPSE, lisant.

Ymuiden, 24 décembre : On offrait aujourd'hui, au

marché, cinq chaloupes chargées de 500 à 800 aiglefins vivants, 1500 à 2100 aiglefins morts, et quelques
cabillauds vivants. Le cabillaud vivant a été payé
7 florins 25, les aiglefins...

LEBOIS.

Tu n'as pas autre chose à faire?

CAPSE.

Les aiglefins morts, 13 florins et demi, les raies...

LEBOIS, tambourinant sur son bureau.

Je sais tout ça. Cherche-moi l'état d'équipage de
l'*Avenir*.

CAPSE, cherchant dans les dossiers.

La *Jacqueline*... ce n'est pas ça... la *Reine Wilhelmine*, ce n'est pas ça non plus... la *Bonne Espérance,*
perdue en mer... ah, l'*Avenir*...

LEBOIS.

A combien se monte le rapport brut?

CAPSE.

A 1443 florins, 47 cens.

LEBOIS.

C'est bien ce que je comptais ; mais comment peux-
tu être assez bête pour porter 4 florins 68 cens, à la
caisse des veuves et des orphelins?

CAPSE, écrivant des chiffres.

Hein?... Ah !... Voyons... 1443... je soustrais trois
pour cent .. reste 1400 florins ; c'est-à-dire 300 florins 87, de solde brut... C'est vrai... alors c'est donc
4 florins 8, et non pas 4 florins 68...

LEBOIS, se levant.

Imbécile, si tu continues à t'abrutir ainsi, tu n'as

qu'à ficher le camp! Quand vous vous trompez, vous autres, c'est toujours à notre préjudice!

CAPSE, riant, d'un rire entendu.

Pour ça, vous n'êtes pas juste, monsieur Lebois ; est-ce que vous m'avez fait des reproches, l'autre jour, quand...

LEBOIS, avec humeur.

C'est bon ! En voilà assez !

CAPSE.

Et ça, c'était une erreur, avec deux gros zéros qui avaient changé de place !... (Lebois sort avec impatience.) Hé, hé, hé ! De là vient le proverbe : « Un zéro... »

Il tourne la tête, voit que Lebois est parti et s'arrête.
Il tisonne le feu, bourre sa pipe dans le pot de tabac de
Lebois, et prend avec précaution quelques cigares dans
la boîte.

SCÈNE III

CAPSE, SIMON.

SIMON.

Lebois n'est pas là ?

CAPSE.

Tu veux dire M. Lebois? Non, il n'y est pas.

SIMON.

Il est sorti ?

CAPSE.

Tu peux me dire ce qui t'amène.

SIMON.

Je te demande s'il est sorti ?

CAPSE.

Oui.

SIMON.

Pas de nouvelles?

CAPSE, avec impatience.

Non, non, mille fois non! Est-ce qu'on va recommencer à nous embêter, cent fois par jour! Tu sais bien que M. Lebois l'a promis: dès qu'il aura la moindre nouvelle...

SIMON.

Il y aura demain neuf semaines...

CAPSE.

Est-ce que la *Jacqueline* n'est pas rentrée après cinquante-neuf jours d'absence, avec 190 barils?

SIMON.

Tu jases, toi, pour cacher ce que tu sais.

CAPSE.

Et toi, tu es déjà saoul.

SIMON.

Je n'ai rien bu, pas une goutte.

CAPSE.

Eh bien, va boire, alors. Je cache ce que je sais! Est-ce que je tiens les vaisseaux par leurs câbles?

SIMON.

Je vous ai tous avertis, quand la *Bonne Espérance* était sur le chantier. Que vous ai-je dit alors?

CAPSE.

Bah! des contes en l'air, pour te faire payer un petit verre!

SIMON.

Tu mens! Vous étiez là, toi et mademoiselle; je

vous ai dit que le bateau était pourri, qu'il était inutile de le calfater, que c'était un cercueil flottant...

CAPSE.

D'accord, tu l'as dit, je ne le nie pas. Mais qu'est-ce que ça prouve? Tu te crois donc assez connaisseur en navires pour vouloir que mon maître mette son lougre en vente, parce qu'un charpentier ivrogne...

SIMON, s'emportant.

Tu mens!...

CAPSE.

Je retire ivrogne, si ça peut te faire plaisir... Parce qu'un charpentier comme toi vient dire non, quand ton patron et la compagnie d'assurances disent oui!

SIMON.

C'est égal ; vous étiez prévenus. Et maintenant, maintenant, je vous dis que si Michel, le fiancé de ma fille, pour ne pas parler des autres, si Michel... Ça finira mal!

CAPSE.

Ne fais pas l'imbécile ; va prendre un petit verre et reste tranquille.

SCÈNE IV

Les Mêmes, MARIETTE.

SIMON.

Qu'as-tu besoin de venir ici? Il n'y a pas de nouvelles.

MARIETTE, pleurant doucement.

Pas de nouvelles!...

SIMON.

Ça finira mal !

Il sort avec Mariette.

SCÈNE V

CAPSE, LEBOIS.

LEBOIS.

Qui était là ?

CAPSE.

Simon et sa fille, des menaces... Vous sortez ?

LEBOIS.

Des menaces? Est-ce que cet imbécile est devenu fou? Je serai de retour dans dix minutes; s'il vient quelqu'un, qu'on m'attende.

CAPSE.

Il parlait de...

LEBOIS.

C'est bien, ça suffit.

Il sort.

SCÈNE VI

CAPSE, SARAH.

CAPSE, retourne, en traînant les jambes, à son pupitre. Sonnerie de téléphone. Il met les récepteurs à ses oreilles et répond, avec importance.

Allo... Je n'entends rien... C'est moi, le commis ..

Dans dix minutes, M. Lebois sera de retour, veuillez redemander la communication.

SARAH.

Bonjour, mon amour.

CAPSE.

Qu'est-ce que tu veux ?

SARAH.

C'est à toi que j'ai affaire. Sapristi, que le vent est froid ! Je peux me chauffer les mains, un instant ?

CAPSE.

Quoi ?

SARAH, criant.

Je vais me chauffer un instant...

CAPSE, bourru.

Non, reste là, derrière la balustrade.

SARAH.

Laisse-moi donc tranquille, mon trésor ; j'ai vu M. Lebois tourner le coin de la rue. (Elle va se chauffer.) Je ne te demanderai pas des nouvelles de la *Bonne-Espérance*, moi. C'est affreux ; sept familles !... C'est encore une chance que, sans compter les enfants, il y ait trois jeunes gens célibataires, à bord. On n'a retrouvé aucune épave ?

CAPSE.

Tu dis ?

SARAH, criant.

On n'a retrouvé aucune épave ?

CAPSE, bourru.

Non.

SARAH.

Hou ! Il me mangerait, s'il le pouvait.

CAPSE.

Reste derrière la balustrade. Qu'est-ce que tu veux, voyons?

SARAH, glissant sa main dans la poche de Capse.

Fais attention à ne pas perdre les cigares de ton patron, vieux filou! (Capse sourit.) Dis, Capse, veux-tu que je te fasse gagner un florin ?

CAPSE.

C'est selon.

SARAH.

Je suis fiancée à Boulot, le batelier de la rivière.

CAPSE.

Toutes mes félicitations.

SARAH.

Il est ici, avec un chargement de fumier pour la ville. Comment faut-il faire pour me marier?

CAPSE.

Comment il faut ?...

SARAH.

Tu sais bien que j'ai des difficultés parce qu'on ne sait pas si mon mari est mort.

CAPSE.

Le terme légal est de... voyons...

SARAH.

Je le connais mieux que toi, le terme légal.

CAPSE.

Il faut mettre trois fois une annonce dans le journal, et, s'il ne répond pas — or il ne répondra pas, car il n'y a plus de revenants — tu pourras...

SARAH.

Si tu voulais, toi, te charger d'arranger l'affaire,
nous te serions bien reconnaissants, Boulot et moi...

CAPSE.

Ça regarde les avocats ; adresse-toi à quelqu'un de
la ville.

SARAH.

Bon Dieu ! Quel tracas ! Enfin, puisque je ne t'ai
pas revu, depuis trois ans, et que l'*Aventure*...

SCÈNE VII

LES MÊMES, JACQUES.

JACQUES, agité et tremblant.

Il y a des nouvelles ! Il y a des nouvelles !

CAPSE.

Des nouvelles ! Qu'est-ce qu'il raconte !

JACQUES, pleurant presque.

Il faut qu'il y ait des nouvelles des gars, de
la *Bonne-Espérance*...

CAPSE.

Il n'y a rien. (Avec plus de douceur.) Vous avez beau
user le seuil du bureau, tous les jours, je ne peux
rien vous dire, ni en bien, ni en mal... Le mal, tu le
sais, voilà soixante-deux jours...

JACQUES.

Le capitaine du port a reçu une dépêche... Ah,
monsieur Capse, je vous en supplie, tirez-moi, de

cette incertitude ; ma sœur et ma nièce (Il tremble
violemment.) sont tout simplement folles de douleur !

CAPSE.

Mais, puisque je t'assure, mon ami... Tu t'en vas
déjà ?

JACQUES.

Ma nièce est toute seule à la maison ; ma sœur travaille chez M. le curé... Il doit y avoir quelque
chose, il doit y avoir quelque chose !

CAPSE.

Qui t'a conté de pareilles sottises ?

JACQUES.

C'est le secrétaire du capitaine du port qui a dit...
qui a dit... oh ! mon Dieu !...

Il sort comme un fou.

SCÈNE VIII

CAPSE, SARAH.

SARAH, après un silence.

Il a peut-être raison.

CAPSE.

Tout est possible.

SARAH.

M. Lebois a-t-il encore de l'espoir ?

CAPSE.

Hein ?

SARAH.

M. Lebois a-t-il encore de l'espoir ?

CAPSE.

De l'espoir? Neuf semaines, un pareil bateau, et
après une aussi effroyable tempête! Tout est possible, certainement, mais si tu me demandes mon avis,
à moi, c'est que la *Bonne-Espérance* est perdue. Ils
n'avaient des vivres que pour six semaines... S'ils
étaient entrés dans un port anglais, on aurait eu de
leurs nouvelles.

SCÈNE IX

LES MÊMES, CLÉMENTINE.

CLÉMENTINE.

Bonjour, Sarah. Capse, y a-t-il du monde, à la maison?

CAPSE, regardant par la fenêtre.

Le comité est réuni pour l'horloge.

CLÉMENTINE, posant son carton à dessin sur le bureau de
Lebois.

Je viens de rencontrer Jacques ; comme il a vieilli,
le pauvre diable! C'est à ne pas le reconnaître...
(Ouvrant son carton à dessin.) Regarde ; Sarah voilà comme
il était, il y a trois mois, gaillard et d'humeur en-
jouée... Regarde, Capse.

CAPSE.

Je n'ai pas le temps, mademoiselle.

SARAH.

La mort de Denisot a été un coup terrible pour
lui ; on les voyait toujours ensemble, ces deux vieux,

à bavarder; maintenant, il n'a plus un seul ami à l'hospice, c'est un bien grand changement!

CLÉMENTINE.

La reconnais-tu, celle-ci?

SARAH.

Je vous crois, c'est la mère Catherine... et ça, c'est Bertrand, le panier sur le dos... et ça...

Sonnerie du téléphone. Clémentine ferme son carton et va à l'appareil.

CAPSE.

Monsieur est sorti; on a déjà sonné tout à l'heure.

CLÉMENTINE, écoutant à l'appareil.

Ah... Papa n'est pas là... (A Capse.) Quand sera-t-il de retour, Capse?

CAPSE.

Dans quelques minutes.

CLÉMENTINE, écoutant à l'appareil avec terreur.

Que dites-vous là?... Un panneau marqué 47... et.. (Tremblant.) Je ne vous entends pas bien...

Elle pousse un cri et laisse tomber le récepteur.

CAPSE.

Qu'y a-t-il?

CLÉMENTINE, avec effroi.

Je n'ose plus écouter!... Oh! mon Dieu!...

CAPSE.

C'est le capitaine du port qui téléphone?

CLÉMENTINE, de même.

Bertrand a été jeté sur la côte!... Oh, mon Dieu!... Maintenant, c'est fini!...

SARAH.

Bertrand?... Bertrand?...

CLÉMENTINE.

C'est une dépêche du Nieuwendien... un panneau...
un cadavre...

SCENE X

LES MÊMES, LEBOIS.

LEBOIS, à Clémentine.

Eh bien, qu'y a-t-il donc? Pourquoi pleures-tu?

CAPSE.

On a des nouvelles de la *Bonne-Espérance*.

LEBOIS.

Des nouvelles?

CAPSE.

Le capitaine du port est au téléphone.

LEBOIS.

Le capitaine du port!... (A Clémentine.) Ote-toi de là.
(Brusquement, à Sarah.) Et toi, décampe! Que fais-tu
là à rêvasser?

SARAH.

Moi... je...

Elle sort, d'un air farouche.

LEBOIS.

Allo! allo!... Qui est là?... M. le capitaine du port?..
Une dépêche de Nieuwendiep... au nord des bancs de
sable?... Je n'entends pas bien... (A Clémentine.) Cesse
donc de pleurer, toi!... Vous dites, un panneau.. 47?...
C'est une triste affaire... Le cadavre en décomposition de Bertrand, enrôlé avec son aîné... Il a été reconnu par?... par qui?... Ah, parfaitement, l'*Avenir*

est entré à Nieuwendiep avec des avaries, et c'est le patron Muriel qui a reconnu le corps... Des boucles d'oreilles. oui, oui, des boucles d'argent... Ça n'a pas d'importance, d'ailleurs. Il est inutile, alors, d'envoyer des gens constater l'identité ?... Oui, fâcheuse aventure ! Le sort nous frappe cruellement... Oui, oui... Enfin ! L'homme propose et Dieu dispose !... C'est ça, moi je n'avais déjà plus de doutes sur le sort de... Merci, oui ; je vous serai obligé de m'envoyer au plus tôt le rapport officiel ; je préviendrai l'assureur. Adieu. (Il raccroche le récepteur nerveusement.) Je suis accablé ' douze hommes !...

CAPSE.

C'est un véritable miracle que Bertrand, le fils de Catherine, ait ainsi été jeté à la côte. Moi je croyais qu'on ne saurait jamais rien. Quand la *Clémentine*...

LEBOIS, avec emportement.

Oui ! oui ! oui ! (A Clémentine.) Va retrouver ta mère, toi !... Est-ce assez stupide de dire à haute voix devant cette femme, ce qu'on t'apprenait au téléphone ! Dans cinq minutes, tout le village va être ici !... Tu ne m'entends pas ? On dirait que tu as perdu ton amoureux !

CLÉMENTINE.

Pourquoi n'as-tu pas écouté ce qu'on te disait?

LEBOIS.

Ecouté?

CLÉMENTINE.

Quand Simon, le charpentier...

LEBOIS.

Il était ivre !

CLÉMENTINE, avec force.

Non, il ne l'était pas !

LEBOIS.

Il était ivre, te dis-je. Et, ne l'eût-il pas été, de quel droit te mêles-tu d'affaires auxquelles tu n'entends rien ?

CLÉMENTINE.

Mon Dieu ! maintenant, me voilà complice, moi...

LEBOIS, furieux.

Complice ! complice ! Les romans que tu lis t'auront tourné la tête, ma parole ! Complice ! Es-tu folle, pour employer de telles expressions après un semblable malheur !

CLÉMENTINE.

Simon disait que le bateau était un cercueil flottant. Et alors, je t'ai entendu dire, à toi, que « dans tous les cas, ce serait le dernier voyage de la *Bonne-Espérance...* »

LEBOIS, s'emportant d'abord, puis se calmant, peu à peu.

Sacré pensionnat ! Sacrées sottises de pensionnaire ! Va, si tu veux, parcourir le village, comme une folle et fais le portrait du premier vagabond venu, mais ne parle pas de choses que tu ignores ! Un cercueil flottant ! Dis plutôt que cette brute avait trop bu ! Alors, le *Nord*, l'*Imprévu*, et le *Guillaume III* et le *Jean-Marie*, presque tous les bateaux de la flotte de pêche, enfin, sont des cercueils flottants ! Tu as entendu, Capse ?

CAPSE, sombre.

Non, monsieur, je n'ai pas entendu.

LEBOIS.

Si tu m'avais demandé de t'expliquer cela, je l'au-

rais fait volontiers, mais la jeunesse est ainsi, elle
se mêle de tout et croit tout savoir. Tous les ans, la
compagnie d'assurances fait visiter les bateaux.
N'est-ce pas une preuve que tu dis des absurdités ?
Crois-tu que, quand tout à l'heure, je vais appeler
l'assureur au téléphone, pour lui dire : « Monsieur,
veuillez me remettre quatorze mille florins ! » il s'exé-
cutera, sans s'être enquis, avant le départ, de l'état
du navire ? Tu devrais rougir de tes paroles. Pures
sottises ; mais des sottises qui pourraient nuire à ma
réputation, si l'on ne me connaissait, ici !

CLÉMENTINE.

Si j'étais armateur, et si j'apprenais...

LEBOIS.

Dieu garde la pêche d'un armateur qui dessine et
pleure en lisant des vers. Moi, je me trouve comme
un père, à la tête de cent familles. Les affaires sont
les affaires ; si je devenais sentimental, c'en serait
fait de moi... Qu'en dis-tu, Capse? (Capse fait signe qu'il
n'entend rien, à Clémentine.) Voyons, va rejoindre ta
mère, la femme du bourgmestre est là.

CAPSE.

Voici le rôle de l'équipage... (Lisant.) Guillaume
Béval, 37 ans, marié, quatre enfants.

LEBOIS.

Attends que ma fille...

CLÉMENTINE.

Je ne dirai plus rien.

CAPSE, continuant.

Jacques Noirot, 35 ans, marié, trois enfants, Charles
Dulac, 25 ans, marié, un enfant; Gérard Delawer,
26 ans ; Corneille Dénot, 35 ans, marié, 7 enfants ;

Colas Ponset, 24 ans, marié; Salomon Montade, 25 ans, marié, un enfant; Marie Villet, 45 ans, marié; Michel Simon, 19 ans: Jacob Chénot, 20 ans; Bertrand Delawer, 19 ans, et Pierre Marchand, 12 ans.

LEBOIS.

Sept familles !

CLÉMENTINE.

Seize enfants!...

SCÈNE XI

LEBOIS, CAPSE, CLÉMENTINE, GERTRUDE, MARIETTE.

GERTRUDE, haletante.

Il y a des nouvelles?... des nouvelles de mon petit gars? (Avec un désespoir sauvage.) Mon Dieu, mon Dieu ! Ayez pitié de moi, monsieur, parlez!

LEBOIS.

Je suis au désespoir, Gertrude...

MARIETTE, avec éclat.

Non, ça n'est pas possible! Ça ne peut pas être! Vous mentez!... Ça n'est pas possible !

LEBOIS, doucement.

Le bureau des épaves, à Nieuwendiep, vient de télégraphier au capitaine du port. Bertrand Delawer a été jeté sur la côte — vous savez ce que cela veut dire, et on a retrouvé un panneau marqué 47.

GERTRUDE, criant.

Oh! Vierge Marie! Fallait-il encore m'enlever ce-

lui-là ! Ce pauvre enfant de douze ans ! (Pleurant.)
Oooooh ! Ooooh ! Pierrot ! Mon pauvre Pierrot !

MARIETTE, égarée.

Mais alors... alors... (Elle éclate de rire, nerveusement.)
Ah, ah, ah, ah, ah, ah, ah !

LEBOIS.

Donne-lui un verre d'eau.

MARIETTE, repoussant le verre et le faisant tomber des mains
de Clémentine.

Va-t'en ! Va-t'en ! (Tombant sur les genoux et se cramponnant à la balustrade.) Laissez-moi mourir aussi maintenant !... Laissez-moi mourir, mon Dieu ! Mon Dieu, je vous en prie !...

CLÉMENTINE, pleurant.

Voyons, Mariette, tâche de te calmer ! Lève-toi !...

GERTRUDE.

Son premier voyage !... Et il agitait si vaillamment son mouchoir au départ !...

Elle sanglote éperdument.

LEBOIS.

Nous n'y pouvons rien, Gertrude ! C'est une épreuve que Dieu nous envoie. Depuis bien des années, nous n'avions pas eu une pareille tempête !... Pense à Révoil qui avait quatre enfants, à Jacques, à Charles... Et puis... ce n'est pas cela qui te consolera, je le sais bien, mais enfin... je te paierai aujourd'hui, si tu veux, la solde de ton fils... Et maintenant, rentre chez toi et tâche de te résigner. (Montrant Mariette.) Emmène-la, elle.

MARIETTE, avec des sanglots entrecoupés.

Je ne veux pas rentrer, moi... je veux mourir !...

CLÉMENTINE, la soutenant.

Pleure, Mariette, pleure, pauvre enfant!...

Elle sort soutenant Mariette, et suivie de Gertrude.

SCÈNE XII

LEBOIS, CAPSE, puis MATHILDE.

LEBOIS, arpentant le bureau.

Qu'as-tu à rêver?... Monsieur est décidé à ne rien faire, aujourd'hui?... Si tu voulais bien me répondre!... As-tu là ta caisse des veuves et des orphelins?... Donne-la moi.

CAPSE, allant au coffre-fort, d'un pas trainant.

La case du haut est fermée à clef. (Lebois lui jette son trousseau.) Merci, monsieur. (Il ouvre la case, et revient, du même pas trainant, au bureau de Lebois, avec un livre.) Voilà, monsieur.

LEBOIS.

Quatre-vingt-quinze veuves.. quatorze vieux marins et pêcheurs...

CAPSE.

Oui, nous sommes en déficit, depuis pas mal de temps... Le plus simple serait de mettre une annonce, comme l'autre fois...

MATHILDE, entrant.

Quel malheur, Clément!... La femme du bourgmestre demande si tu ne pourrais pas venir la voir un instant; elle pleure à chaudes larmes!

LEBOIS.

Moi! Jai assez de larmes, ici. Je n'ai pas le temps.

MATHILDE.

Pauvres gens!.. Capse, voici la copie de .la circulaire; c'est urgent, tu sais!

Fausse sortie.

LEBOIS, la rappelant.

Mathilde!... Si tu touchais un mot à la bourgmestre, d'un appel à la générosité du public, en faveur
des veuves et des orphelins des naufragés?...

MATHILDE.

Mais, Clément, deux appels à la fois, n'est-ce pas
trop?

LEBOIS.

C'est bon ; laisse-moi arranger l'affaire, alors.

Lebois et Mathilde sortent.

SCÈNE XIII

CAPSE, CLÉMENTINE.

CLÉMENTINE, pleurant doucement.

Capse! Capse! (Elle s'assied au pupitre, en face de lui.)
Je me sens si misérable...

CAPSE.

Vous avez tort, mademoiselle. Ce n'est pas le seul
navire qui ait subi un pareil sort ; la *Bonne-Espérance*
ne compte guère ; voici... où est-elle donc passée?...
ah... voici la statistique du bureau Veritas, du mois
d'octobre, rien que le mois d'octobre —: 105 voiliers
et 30 bateaux à vapeur perdus. En un seul mois,
environ 1500 morts. (Montrant la mer.) Oui, à la voir
comme elle est aujourd'hui, si calme, avec toutes ces

mouettes voltigeant au-dessus, on ne s'imaginerait
pas qu'elle tue tant de monde.

SCÈNE XIV

LES MÊMES, JEANNE, JACQUES, puis LEBOIS.

CLÉMENTINE. à Jeanne et à Jacques qui vont s'asseoir,
d'un air hébété.
Entrez donc.

Jeanne fait lentement signe que non.

JACQUES, tremblant.
Nous sommes sortis un instant de chez nous, pour
venir ici, car Sarah, comme je le disais, tout à l'heure...

LEBOIS, entrant, à Jeanne.
Assieds-toi ici ; Jacques, reste là. Tu as déjà appris
la nouvelle, n'est-ce pas?

JEANNE, sanglotant.
Pour Bertrand, oui, mais Gérard... Combien de fois
n'arrive-t-il pas qu'avec le canot...

LEBOIS.
Je ne puis pas te laisser, même cet espoir. Non
seulement, on a trouvé un panneau, mais le cadavre
était dans un état de décomposition très avancé, par
conséquent, depuis le temps, on aurait eu des nouvelles, si quelqu'un de l'équipage avait pu se sauver.

JEANNE, avec angoisse.
Oui, oui... Mais si ce n'était pas Bertrand !... Qui
me dit que c'était Bertrand ?

LEBOIS.
Le patron Muriel, de l'*Avenir*, l'a reconnu. Et puis
les boucles d'oreilles...

JEANNE.

Muriel, Muriel! Et s'il se trompe?... Je viens vous demander de l'argent pour faire le voyage, monsieur; j'irai moi-même.

LEBOIS.

Voyons, ne fais pas de bêtises, ma fille!

JEANNE, pleurant.

Il faut pourtant l'enterrer, Bertrand!

LEBOIS.

Le bourgmestre de Nieuwendiep s'en chargera.

SCÈNE XV

LES MÊMES, SIMON.

SIMON, gris, un peu héhété.

Je... j'ai appris...

Il fait des gestes étranges pour désigner Lebois.

LEBOIS, nerveux, avec violence.

Veux-tu déguerpir, ivrogne!

SIMON, balbutiant.

Je... je ne vous tuerai pas... je... je n'ai pas de mauvaises... intentions...

LEBOIS.

Va me chercher un gendarme, Capse! A-t-on jamais vu un pareil soulard...

SIMON, se tenant à la balustrade.

Non... reste... Je vais m'en aller... Je... je voulais seulement dire que j'avais joliment raison... quand... quand je disais... que... la *Bonne-Espérance*...

LEBOIS, allant à lui d'un air menaçant.

Va-t'en, et vivement!

SIMON.

Pas si près... il ne faut jamais s'approcher d'un homme qui a un couteau... Mais non..: je n'ai pas de mauvaises intentions... Je voulais dire seulement que je vous avais averti, quand le bateau était sur le chantier.

LEBOIS.

Tu mens, brute!

SIMON.

Alors, rien que pour me faire plaisir, demandez à votre commis et à votre fille, qui étaient là, tous les deux!

LEBOIS, avec violence.

Tu mens! Tu ne mérites même pas qu'on te réponde, ivrogne! C'est à ton patron et non à toi que j'ai eu affaire. N'est-ce pas, Capse?

Capse fait signe qu'il n'entend pas.

SIMON.

Ce n'est pas mon patron qui a calfaté le bateau... (A Capse qui s'est approché de la balustrade.) Vous ai-je avertis, oui ou non?... Tu étais là aussi, toi.

CAPSE, regardant Lebois d'un air inquiet.

Non, je n'étais pas là, et, quand même, je n'ai rien entendu.

LEBOIS, à Clémentine.

Et toi, dis donc si cet ivrogne...

CLÉMENTINE, angoissée, près de pleurer.

Papa!..

LEBOIS, menaçant.

Toi, toi, ma fille... (Terrible.) Réponds!

CLÉMENTINE, même jeu

Je ne me rappelle pas...

SIMON.

Ça, c'est un infâme mensonge!.. J'ai dit que la barque était pourrie ! pourrie !

LEBOIS.

Propos d'ivrogne ! Tu veux y mêler ma fille et mon commis, et tu vois...

JACQUES.

Oui, mais, moi aussi, maintenant, je me rappelle...

LEBOIS.

Toi aussi, tu nous as avertis, peut-être ?

JACQUES.

Non, je mentirais, si je le disais ; mais votre fille, qui prétend maintenant qu'elle ne savait pas que la barque était pourrie, le second soir de la tempête, quand elle était seule avec moi, dans la chambre de Catherine, elle a pourtant bien avoué que...

CLÉMENTINE, tremblante.

Ai-je dit alors, que...

JACQUES, en colère.

Vous l'avez dit, ce soir-là. Et moi je vous repondais : Vous vous trompez, mademoiselle, car si votre père avait su que la barque était pourrie...

JEANNE, se levant, et jetant ses paroles violemment
à la figure de Clémentine.

Vous mentez ! Vous vous êtes mise à pleurer ; vous aviez peur qu'il arrivât un malheur. J'étais là aussi ; Gertrude y était également et puis.. Ah ! vipères que vous êtes !..

LEBOIS, donnant un coup de poing sur son bureau.

Des vipères ! Des vipères ! Nous qui vous donnons
à manger, mauvaise race ! N'es-tu pas assez honnête
pour nous croire, plutôt que ce sale ivrogne qui ne
tient même pas debout !

JEANNE, folle de colère.

Vous croire, vous !.. Vous !.. Vous mentez, tous les
deux, elle et vous !

LEBOIS, menaçant.

Va-t'en ! Sors d'ici !

JEANNE, violemment.

Vous avez fait traîner Bertrand à bord, par les
gendarmes ! Gérard était trop fier pour se laisser
emmener ! Coquin ! Coquin ! Triple coquin ! (Avec un
rire nerveux.) Non, non, inutile de nous montrer la
porte ! Nous nous en allons ! Si je restais une minute
de plus, je vous cracherais à la figure !

Elle fait des gestes menaçants.

JACQUES, la retenant.

Viens, maintenant, viens !

LEBOIS, après un court silence.

Pour ne pas causer plus de chagrins à ta tante, je
veux croire que tu n'as pas conscience de tes paroles, sans cela.. sans cela... La *Bonne-Espérance* était
bien armée pour son voyage. Vous figurez-vous que
je ne perds rien, moi, malgré l'assurance ? Et quand
même ce vaurien m'aurait averti, ce qu'il n'a pas
fait, devais-je en croire un drôle perdu de boisson,
moi homme d'affaires, devais-je accorder créance à
une brute qui ne peut pas trouver d'ouvrage, parce
qu'il est toujours trop saoul pour manier ses outils ?

SIMON, balbutiant.

Je vous ai dit, à vous, à lui et à elle, que c'était un cercueil flottant, ça c'est sûr.

JEANNE, avec éclat.

Oh! Dire que Gérard, et Bertrand, et Michel, et les autres! O mon Dieu. comment avez-vous pu permettre une chose pareille!.. (Elle se laisse tomber sur une chaise, en sanglotant. — A Lebois.) Donnez-moi de l'argent pour aller à Niewendiep, et je ne dirai plus rien!

LEBOIS, furieux.

Pas un cens! Donner de l'argent à une fille comme toi, qui m'insultes!..

JEANNE, cherchant à rassembler ses idées.

Je ne sais plus ce que j'ai dit, et puis, je ne crois pas que vous... car vous seriez pire qu'un démon!..

LEBOIS.

Le capitaine du port dit qu'il est inutile d'envoyer personne à Niewendiep.

JEANNE, partant d'un pas chancelant.

Inutile... inutile... Que vais-je devenir, maintenant?

Elle sort avec Jacques et Simon.

SCÈNE XVI

LEBOIS, CAPSE, CLÉMENTINE.

LEBOIS, arpentant la pièce, tandis Capse remonte sur son tabouret — à Clémentine.

Toi, si tu remets jamais le pied ici..

CLÉMENTINE, regardant fixement devant elle, avec terreur.

, Non, non, jamais !.. (Long silence.) Je me demande, père, comment... (Elle éclate en sanglots.) comment je pourrai jamais reconquérir de l'estime pour toi et pour moi-même !..

Elle sort.

SCÈNE XVII

LEBOIS, CAPSE.

LEBOIS.

Elle est folle ! Elle serait capable de perdre ma réputation, par ses enfantillages de pensionnaire. Tu renverras tous ceux qui vont venir maintenant, Capse, tu entends ? De la canaille, et de la pire espèce ! Toute la nichée ! Sacré saoulard ! Un gredin qui pue le genièvre, à une lieue ! (On entend Gilles jouer du violon.) Ah, il ne manquait plus que ça ! (Il va à la fenêtre.) Fiche-moi le camp !.. Non, il n'y a rien pour toi ! (Le violon s'arrête.) Je suis brisé ! (Il se laisse tomber sur une chaise, prend furieusement le carton à dessin de Clémentine, le feuillette, le jette à terre, se baisse, en arrache quelques croquis et les déchire. Il reste un moment pensif, puis va sonner au téléphone.) Allô ! Allô !... Thierry... Oui, Thierry, l'assureur. (Il attend, d'un air sombre.) Allô ! C'est vous Thierry ? La *Bonne-Espérance* est flambée. Un panneau avec ma marque, et le cadavre d'un matelot ont été jetés sur la côte. (D'un ton agressif.) Comment ? Il n'y a rien de fait ?.. Non ?.. Soixante-deux jours. La probabilité est si grande,

10

que... C'est bien ; je vous attendrai au bureau.
Mais vous hâterez les choses, hein ?

> Il sonne pour interrompre la communication. Sur les derniers mots, Catherine est entrée.

SCÈNE XVIII

LEBOIS, CAPSE, CATHERINE.

CATHERINE, l'air égaré.

Oh !..

> Elle s'affaisse sur le banc et pleure.

LEBOIS, sans la voir, près du coffre-fort.

Où diable as-tu fourré le portefeuille aux polices ?
Tu déranges tout !

CAPSE, assis, indiquant du geste l'endroit.

Un peu plus haut... Derrière le dossier des effets...

LEBOIS, bourru.

C'est bien, assez ! (Se retournant, le portefeuille à la
main — à Catherine.) Tu aurais pu frapper, toi.

CATHERINE.

Je voudrais...

LEBOIS, avec humeur.

Tu viens cinq minutes trop tard. Cette gamine
que tu as recueillie chez toi, vient de faire un es-
clandre tel, que j'ai failli appeler les gendarmes.
(Bourru.) Allons, entre, ferme la balustrade derrière
toi.

CATHERINE, parlant avec peine.

Est-ce vrai ?.. Est-ce vrai que... Monsieur le curé

disait... (Lebois fait un signe de tête affirmatif; d'un air sombre.) Oh !.. Oh !..

Elle regarde fixement devant elle ; ses bras tombent, inertes.

LEBOIS.

C'est de toi surtout, que j'ai pitié ! Je t'ai toujours connue honnête femme, ton mari était un brave homme ; mais — c'est dur à entendre après un coup aussi rude — tes enfants n'ont jamais valu grand'-chose. (La tète de Catherine tombe en arrière.) Pendant combien d'années n'as-tu pas été à notre service, jusqu'au jour où ton fils Gérard m'a menacé de me battre, a insulté mes cheveux blancs, m'a presque jeté à la porte ! Et ton autre fils... (Effrayé.) Catherine ! Mère Catherine ! (Se levant.) Capse ! Vite, de l'eau ! (Mouillant le front et les poignets de Catherine.) Nom de Dieu !

CAPSE.

Si j'appelais madame, ou mademoiselle ?

LEBOIS.

Non, c'est inutile ; elle revient à elle.

Catherine regarde fixement devant elle et sanglote.

CAPSE.

Catherine !

LEBOIS.

Chut, laisse-la pleurer.

CATHERINE, douloureusement, entrecoupant ses paroles de sanglots.

Il ne voulait pas partir !.. Il ne voulait pas !.. Et, de mes propres mains j'ai détaché les siennes de la porte où il se cramponnait...

Elle gémit doucement.

LEBOIS, sombre.

Tu n'as rien à te reprocher.

CATHERINE, de même.

Avant de partir, je lui ai mis les boucles de son père... comme à une victime...

LEBOIS.

Voyons !

CATHERINE, haletant.

Et mon aîné, à qui je n'ai pas dit adieu !... Si tu arrives trop tard, me disait-il, je ne te le pardonnerai jamais de ma vie... jamais !...

LEBOIS, avec une violente émotion.

Tais-toi !... Tais-toi ! je t'en prie !

CATHERINE.

Il y a douze ans, c'était la *Clémentine* ; j'étais là aussi.

Elle sanglote dans ses vieilles mains tremblantes.

LEBOIS, se maîtrisant.

Voyons, sois forte !

SCÈNE XIX

Les Mêmes, MATHILDE.

MATHILDE.

Clément !... (Apercevant Catherine.) Ah ! ma pauvre Catherine, comme je te plains ! C'est triste, terriblement triste ; deux fils...

CATHERINE, le regard perdu.

Mon mari et quatre fils...

MATHILDE, s'efforçant de la consoler.

Ma pauvre Catherine, au moins, tu n'auras pas de soucis matériels ; nous avons rédigé un appel aux âmes charitables, la femme du bourgmestre et moi, il sera inséré dès demain, dans tous les journaux. Tiens, Capse... (Lebois lui fait signe de s'en aller.) Fais-le rester un instant, Clément. (Gentiment.) J'ai encore quelques côtelettes froides, ça la remettra un peu ; et puis, nous allons faire la paix, maintenant. Tu veux bien, n'est-ce pas, qu'elle vienne travailler chez nous ? Sois courageuse, Catherine, nous ne t'oublierons pas.

Elle sort.

SCÈNE XX

LEBOIS, CAPSE, CATHERINE.

LEBOIS.

Non, nous ne t'oublierons pas.

CATHERINE.

Le seul espoir qui me reste, c'est l'enfant de ma nièce.

LEBOIS, étonné.

L'enfant ?...

CATHERINE.

Oui, il y a encore ce malheur ; elle est enceinte de mon fils. (Souriant mélancoliquement.) Un malheur ? Non, ce n'est plus un malheur...

LEBOIS.

Et tu dis cela sans rougir ! Tu as permis cette immoralité chez toi ? Allons, reste encore un instant, ma femme veut te donner quelque chose.

Il sort.

SCÈNE XXI

CATHERINE, CAPSE.

MATHILDE, du dehors.

Capse !... Capse !

Capse se lève, disparaît un instant et revient avec un légumier et une petite casserole émaillée.

CAPSE, avec bonhomie.

On demande si tu veux rapporter le légumier en passant, et si, samedi prochain, tu veux venir travailler ?

Catherine regarde fixement devant elle. Capse lui prend les mains, les pose doucement autour du légumier et de la casserole, puis va reprendre sa place. Un silence. Catherine est assise, immobile, hébétée de douleur ; elle marmotte de vagues paroles, se lève péniblement et quitte lentement le bureau.

CAPSE, resté seul, prend le papier que lui a donné Mathilde et lit.

Appel à la générosité publique, à faire insérer dans les journaux... (Il descend en souriant avec ironie, s'appuie au bureau de Lebois et continue sa lecture.) « Généreux » compatriotes, permettez-nous de faire un nouvel » et instant appel à votre charité, en faveur d'un » grand nombre de veuves et de nécessiteux. Le lou- » gre la *Bonne Espérance*... »

Rideau.